바로간다
네이버

바로간다 네이버

초판 1쇄 발행 | 2015년 9월 1일

지 은 이 | 이선애, 이재호
발 행 인 | 김영희
기   획 | 신현숙, 하순영
마 케 팅 | 권두리
편   집 | 최은정, 변호이, 박지혜, 김민지
디 자 인 | 한동귀, 문강건, 박성민, 이현주
발 행 처 | (주)에프케이아이미디어(**프리이코노미북스**)
등록번호 | 13–860호
주   소 | 150–881 서울특별시 영등포구 여의대로 24 FKI타워 44층
전   화 | 출판콘텐츠팀 | 02–3771–0435 영업팀 | 02–3771–0245
홈페이지 | www.fkimedia.co.kr
팩   스 | 02–3771–0138
E – mail | rommi10@fkimedia.co.kr
I S B N | 978–89–6374–118–5 13320
정   가 | 1만 1,000원

◆ 낙장 및 파본 도서는 바꿔 드립니다.
◆ 이 책 내용의 전부 또는 일부를 재사용하려면 반드시 FKI미디어의 동의를 받아야 합니다.
◆ 내일을 지키는 책 FKI미디어는 독자 여러분의 원고를 기다립니다. 책을 엮기 원하는 아이디어가 있으면
  hsshin@fkimedia.co.kr로 간략한 개요와 취지를 연락처와 같이 보내주십시오.

이 도서의 국립중앙도서관 출판예정도서목록(CIP)은 서지정보유통지원시스템 홈페이지(http://seoji.nl.go.kr)와
국가자료공동목록시스템(http://www.nl.go.kr/kolisnet)에서 이용하실 수 있습니다. (CIP제어번호 : CIP2015021028)

바로 간다

네이버

베스트 애널리스트의 분석과
취업멘토 교수의 가이드

이선애·이재호 지음

프리이코노미북스

취업에 왕도는 없지만 바른 길은 있다

사실 취업 준비에 왕도王道가 있을까 싶습니다. 준비한 내용은 같아도 면접관의 성향이나 기호에 따라 그리고 지원자의 당일 컨디션에 따라 당락의 결과가 달라지기도 하는 것이 취업이기 때문입니다. 하지만 면접과정이 다면화·다층화될수록 이런 운運의 요소는 점점 희박해지게 됩니다. 최근 주요 대기업들은 선발의 변별력을 높이기 위해 인·적성 테스트 도입은 물론 자소서를 직무에세이 형식으로, 면접을 합숙 형태의 집합면접으로 전환하였습니다. 여러분도 당연히 이런 채용 프로세스가 탈脫스펙을 위한 것임을 잘 알고 계실 겁니다. 하지만 탈스펙을 위해서 무엇이 가장 필요한지에 대한 인식은 부족한 것 같습니다. 사진, 어학점수, 자격증, 수상 경력, 교환학생 경험 등과 같은 것을 안 본다면 과연 무엇으로 지원자의 역량을 평가할 수 있다고 생각하시는지요?

결국 서면書面과 대면對面 과정에서 지원자의 간절함과 준비 상태로 판단할 수밖에 없습니다. 간절함이란 먼 길을 함께 가도 좋겠다는 확신을 주는 것이고, 준비 상태란 희망 회사에 지원하기 위해 구체적으로 얼마나 많은 고민과 탐구활동을 했는가에 의해서 결정됩니다. 그래서 집합면접장에 들어가면 상황 케이스를 주고 전략이나 아이디어를 도출해보라는 질문이 빈번하게 출제됩니다. 사실 전문가도 이런 질문을 제한된 짧은 시간에 소화하기 어렵습니다. 해법은 면접관이 무엇을 기대하는지를 간파하는 데 있습니다. 입사를 위해 많은 고민을 해봤다면 그래도 '나름의 답을 하지 않을까'라는 면접관의 기대를 충족시키는 것 말입니다.

그래서 취업을 제대로 준비하기 위해서는 기업에 대한 이해가 전제되어야 합니다. 시간에 쫓기다 보면 기업 분석의 필요성은 인정하지만 엄두가 나질 않는다는 생각이 드실 겁니다. '급할수록 돌아가라'는 속담이 있습니다. 급하면 무엇을 해도 몰입할 수 없다는 의미일 것입니다.

본 기업분석 시리즈는 취업 포털의 채용 공고문을 확인하는 순간부터 시작해도 전혀 무방합니다. 서류 심사에서 최종 면접까지 1개월에서 2개월의 기간 동안 본서를 활용하는 것에 시간적 부족함을 느끼지 않을 것입니다. 1장 산업 파트만 읽어도 기업을 분석하는 것에 대한 막연함에서 벗어날 수 있습니다. '멘토의 팁'과 '관련 자료 찾아보기' 코너를 곁들인 이유가 바로 여기에 있습니다. 애널리스트의 친절한 설명과 멘토의 가이드를 따라가다 보면 어느새 회사를 보는 안목이 생기는 것을 깨닫게 될 겁니다. 면접관이 무엇을 중요하게 생각하는지 알게 되므로, 자소서에 어떤 소재를 활용해야 할지 면접에서 어떤 부분을 언급하고 강조해야 할지 자연스럽게 알게 됩니다. **왕도는 없다고 했지만 바른 길은 있습니다. 바로 가는 취업을 원한다면 지금 바로 첫 페이지를 펼쳐보시기 바랍니다.**

창의성이 핵심 경쟁력인
네이버에 지원하려면…

인터넷 기업은 치열한 경쟁에 노출되어 있다. 자동차나 의류, 화장품 등의 소비재는 소비자들의 선호가 제각기 다르기 때문에 같은 상품에 여러 개의 브랜드가 양립할 수 있다. 그러나 인터넷이나 소셜 미디어 서비스는 가장 편리한 하나만 사용하는 경향이 높기 때문에 이해진 의장의 말처럼 2등이 시장에서 차지할 수 있는 자리가 좁다.

게다가 모바일화가 진행되면서 구글, 페이스북 등 네이버 매출과 시가총액의 스무 배가 넘는 기업은 물론이고 티켓몬스터, 쿠팡과 같은 소셜커머스, 카카오톡이나 인스타그램과 같은 모바일 메신저, 배달통이나 요기요 같은 O2O 업체 등 무수히 많은 스타트업들과도 경쟁해야 하므로 경쟁 상대 및 영역도 훨씬 넓어지고 있다. 인터넷 서비스가 소비자들의 생활에 밀착될수록 더 이상 '검색', '포털'에 한정된 사업이 아닌 소비자의 이용 시간이라는 가치를 두고 경쟁해야 한다.

네이버 내부에서도 수많은 기획과 프로젝트가 창안되고 일부는 시장에 출시되기도 하지만, 상당수 시장에 선보이기도 전에 자체 기준에 의해 사업을 중단하는 등 변수가 많다. 또 M&A나 외부 투자 유치 등 전략적인 움직임이 한층 중요해지는 시기이기도 하다. 업계의 움직임이 활발하기 때문에 이직 및 외부 경력직 채용 등 인력 이동도 많고, 일부는 자신의 아이디어를 실현하기 위해 창업하기도 한다.

우선, 네이버에 지원하려는 지원자들은 경영이나 재무 등 획일적인 사고에서 벗어나 폭넓은 경험과 인문학적인 소양 등을 쌓는 것이 도움이 될 것이다. 특히 일상생활에서 인터넷 미디어나 어플리케이션을 사용하는 이용자 입장에서 개선점이나 아이디어를 발견할 수 있는 창의성이 핵심 경쟁력이다. 따라서 정해진 스펙보다는 학창 시절에 다양한 아르바이트나 여행, 특기할 만한 동아리 활동 등의 경험을 했다면 그런 점을 강조하는 것이 입사에 도움이 될 것이다. 라인을 중심으로 해외 사업에 회사의 전략이 집중되어 있기 때문에 일본어나 영어 등 언어 능력도 중요하다. 혹은 라인이 최근 동남아시아에서 교두보를 넓히려 하고 있기 때문에 동남아시아 관련 경험이 있어도 좋을 것이다.

다음으로 개인 성향 측면에서는 적극적이고 실패를 두려워하지 않는 지원자가 가점을 받을 것이라고 생각된다. 또는 소비자 행태를 관찰하고 분석할 수 있는 논리적인 능력도 강점이 될 것이다. 기본적으로 인터넷 서비스는 커뮤니케이션이 핵심 가치이기 때문에 커뮤니케이션 능력이 중요할 것이라고 생각한다.

목차

03 해외시장 성장의 중심축 라인과 밴드

멘토의 팁 » 일본 모바일 시장 공부하기
» 조모임 활성화 아이디어 생각하기

관련 자료 » 정보통신정책연구원, 〈일본의 스마트폰 게임시장 규모 및 전망〉
» 검색 키워드, '밴드의 차별화 전략', '밴드의 현재와 미래'

CHAPTER 03 경영 이슈: 꾸준히 진화 발전하는 공공 서비스

01 성장에 따른 규제의 확대

멘토의 팁 » 균형된 시각 구축하기
» 핀테크 시장의 주요 사업 알아두기

관련 자료 » 검색 키워드, '인터넷 포털 규제'
» 검색 키워드, '모바일 결제'

---

02 기술적 변화와 도전, 그리고 새로운 기회

멘토의 팁 » 인터넷이 세상을 바꾸는 방법 생각하기

관련 자료 » 우메다 모치오, 「웹진화론」

한눈에 본다, 네이버

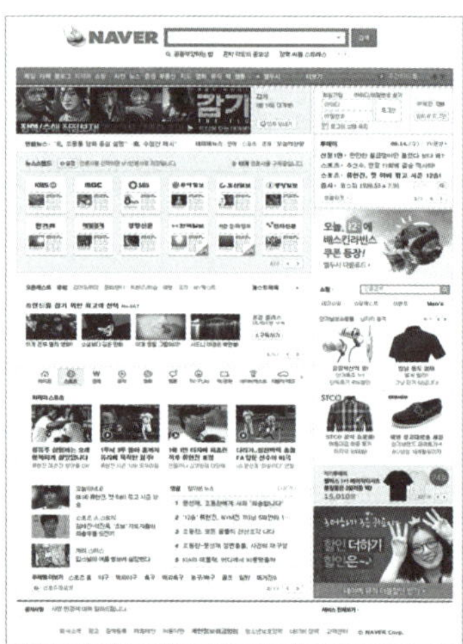

국내 포털 사이트 중 가장 먼저 검색엔진을 개발
1999년 정식 서비스를 시작

깊이 있고 정확한 검색 서비스를 중심으로
블로그, 카페 등의 커뮤니티 서비스를 비롯해
뉴스, 지식쇼핑, 지도, 책, 메일, 툴바 등
생활이 편리해지는 다양한 서비스를 제공

회원수 **3,700**만 명
페이지뷰 **506**억 건(/월)
검색쿼리 수 **27**억 **7,542**만 건
(쿼리 점유율 75.7%)

[2014년 12월 기준]

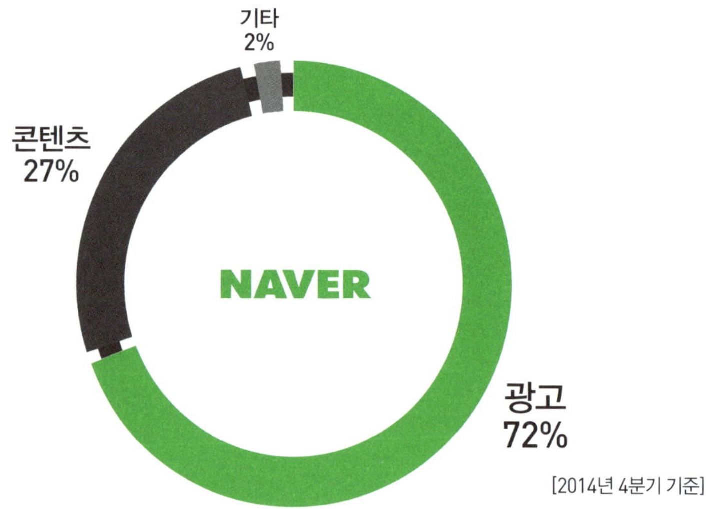

[2014년 4분기 기준]

위치 춘천시 동면 구봉산 자락에 위치한 자체 데이터센터 각閣

의미 국내 인터넷 기업 최초 자체 데이터센터
기록을 위한 보존소라는 점에서 합천 해인사 장경각의 정신을 잇고자 하는
'21C 장경각' 프로젝트의 결과물

크기 5만 4,229㎡의 부지(축구장 7배 크기)
지하 3층, 지상 2층 규모의 관리동(본관) 1개 동과 지하 2층,
지상 3층의 서버관 3개 동, 총 4개 동으로 이루어짐

설립 2012년 2월 착공 → 2012년 12월 완공 → 2013년 6월 개관

세계 최초 IDC 부문 LEED Platinum 인증 획득

기존 IDC의 틀과 형식을 과감히 탈피하고 사용 가능한 최첨단 기술들을 모두 동원해 각閣에 집약했다.

국제적으로 통용되는 친환경 인증 제도인 'LEED' 인증 사상 IDC로서는 세계 최초로 최상위 등급인 플래티넘 인증을 획득했는데, 이는 세계 최고 수준의 친환경·고효율 데이터센터로 인정을 받은 것이다.

고온 상면에서 견딜 수 있는 자체 개발 서버, 저전력-고집적의 랙, 열 손실을 최소화시킨 차폐 시스템, 외기를 이용한 서버룸 냉각장치

빙축열, 수축열 시스템, 동절기 도로 열선, 폐열 회수 시스템 등을 활용해 전력의 효율적 절감을 도모했다.

가볍고 빠른 조직으로 개편

오랫동안 유지해온 본부제를 폐지하면서 18개의 센터와 8개의 셀(지원조직 제외)을 계급hierarchy 없이 전면 배치했다. 네이버 각 영역에서 주축이 되었던 내부 인재들이 뚜렷한 목표로 뭉친 독립된 조직의 톱리더로 대거 부상한 것이다. 이는 실무형 인재들을 선두에 세워 그들의 젊은 감각과 과감한 실행력을 바탕으로 신속한 서비스 혁신을 거두기 위한 네이버의 전략이다.

조직 구성 및 조직별 규모

14명인 조직부터 최대 173명인 곳까지 다양하다. 그러나 규모와 조직의 중요도는 무관하다. 각 리더들의 직급에도 제한을 두지 않았다. 서비스 조직은 3~4개 본부 하에서 운영되던 과거와 달리 8개의 셀, 16개 센터, 9개 TF로 쪼개졌다. 팀 단위를 폐지한 것은 의사 결정 단계를 줄이기 위해서다.

셀	TF
셀은 센터나 실, 랩에 속하지 않은 본부 직속 조직이다. 기획자, 개발자, 디자이너 등 각 서비스 개발에 필요한 구성원이 모두 모여 있는 것이 특징이다. 일종의 스타트업이나 벤처기업처럼 다양한 아이디어를 시도하고, 형식에 구애받지 않고 시장에 유연하게 대처할 수 있다.	네이버의 핵심 서비스인 '검색'과 성장하는 모바일 환경에서 신규 시장 개척을 위한 중요 과제로 선정된 서비스를 담당하게 된다.

산업계의 이목이 집중된 '책임 근무제' 도입

책임 근무제는 직원 스스로가 근무시간이나 출퇴근 시간을 자율적으로 정하는 제도로, 출퇴근 시간을 조정하던 타 기업들의 플렉서블 타임제에서 한 단계 더 발전된 근무제도다. 26명의 리더들이 모두 전면에 서서 이끄는 젊은 네이버, 개인의 책임 하에 근무시간을 조정할 수 있는 직원들. 이 모두가 임직원에 대한 무한 신뢰를 기반으로 한 네이버의 신선한 시도로 평가된다.

1999	네이버컴(주) 설립, '네이버' 서비스, 게임 포털 '한게임' 정식 서비스 시작
2000	(주)한게임커뮤니케이션, (주)원큐, 서치솔루션(주) 인수 한게임재팬 법인 설립
2001	Next Human Network, NHN(주)로 사명 변경
2002	코스닥 등록
2003	NHN재팬으로 일본 법인 통합
2004	코스닥 업종 시가총액 1위 기업 등극
2005	미국 법인 NHN USA 설립 인터넷 서비스 운영 전문 기업 NHN서비스(주) 설립
2006	검색 전문 회사 (주)첫눈 인수
2007	게임 포털 'ijji.com' 정식 서비스 시작 일본 검색 사업 법인 네이버 재팬 설립
2008	유가증권시장(KOSPI) 이전 상장
2009	마이크로 블로그 서비스 '미투데이' 인수 여행 정보 사이트 '윙버스' 인수 NHN(주) 기업분할, 'NHN 비즈니스 플랫폼' 출범
2010	윙버스 흡수 합병 NHN, 신사옥 그린팩토리 입주
2011	NHN 비즈니스 플랫폼, 네이버에 자체 광고 전면 시행 스마트 디바이스 게임 개발사 오렌지크루(주) 계열회사로 추가
2012	네이버재팬, 라이브도어 등 3개 법인 NHN재팬으로 통합
2013	LINE 글로벌 사업 전담 '라인플러스(LINE+)' 설립 NHN재팬, '라인주식회사'로 사명 변경 및 게임사업 분리NHN(주), 네이버(주)로 사명 변경 및 게임사업 분리
2014	네이버비즈니스플랫폼(주) 광고 및 플랫폼 사업 부분, 네이버(주)로 합병
2015	웍스모바일 설립

산업:
인터넷이 시작되는
사각 속 세상

국내 포털에서 압도적인 1위를 차지하고 있는 네이버입니다. 네이버의 성장사는 1990년대 모뎀으로 인터넷에 접속하던 시절 이후 초고속 인터넷의 보급까지 국내 인터넷산업 변천과 발맞춰 왔습니다. 국내 포털에서 다음과 구글을 제치고 선두에 서기까지 그 과정을 살펴보도록 합시다. 더불어 모바일의 등장으로 급변하는 인터넷산업 환경은 네이버에 어떤 과제를 안겨줬는지 파악해봅시다.

01

국내 인터넷 포털과
함께 성장한 네이버

네이버의 인터넷 포털 서비스인 네이버^{Naver}의
월평균 방문자(Unique Visitior, 순방문자 수를 뜻함. 측정 기간 중 1회 이상 해당 사이트에 방문한 이용자 수로 중복하여 세지 않는다. 즉, 어떤 이용자가 특정 사이트에 1회를 방문하든, 100회를 방문하든 1명으로 집계된다.)는 약 1,800만 명이다. 또한 네이버의 주요 콘텐츠 중 하나인 검색 점유율은 75% 수준까지 상승했다.

지금은 포털에서 압도적인 1위를 고수하고 있는 네이버지만 처음부터 네이버가 1위 포털이었던 것은 아니다. 1990년대 모뎀으로 인터넷에 접속하던 시절에는 PC통신인 천리안, 하이텔(모두 2007년에 서비스 중단), 나우누리(2013년에 서비스 종료)의 게시판 서비스가 주를 이루었다. 이후 초고속 인터넷이 보급되면서 사진과 동영상 등 좀 더 많은 용량을 전송할 수 있게 되었다. 사용한 만큼 요금이 청구되었던 모뎀과 달리 ADSL 등 초고속 인터넷은 한 달에 얼마를 쓰든 정액만 내면 되었

기 때문에 인터넷 서비스 보급에 큰 역할을 담당했다.

네이버가 출시된 것도 이 때의 일이다. 서울대 컴퓨터공학과를 졸업한 이해진 의장은 1997년 삼성SDS의 사내 벤처 '네이버 포트'를 독립시켜 1999년 6월 네이버컴을 설립했다. 네이버는 '항해하다'라는 뜻의 'navigate'에 사람을 뜻하는 접미사 '-er'를 결합해 만든 단어로, '인터넷을 항해하는 사람'이라는 뜻이다. 여기에 역시 서울대 산업공학과를 졸업한 김범수 의장이 창업한 한게임이 가세하면서 2001년 사명社名을 NHN(Next Human Network)으로 바꾼 후 2002년에 코스닥에 상장했다.

포털 서비스를 선점한 것은 다음DAUM이었다. 다음은 1997년 국내 최초로 무료 이메일 서비스인 한메일을 출시하면서 빠르게 사용자를 늘려 갔다. 이에 초반 포털 헤게모니를 장악한 것은 다음이었다. 하지만,

네이버의 성공 요인을 다각도로 생각해봅시다.
지난 10여 년 동안 네이버는 끊임없는 성장의 길을 걸어왔습니다. 다음커뮤니케이션보다 늦게 시작했지만 시장 내 확고한 1위의 자리를 차지했습니다. 이런 성공의 이면에는 분명히 네이버만의 기업문화와 경쟁전략이 숨어 있을 것입니다. 하나의 잣대로만 성공 요인을 규정하기는 어려운 만큼 여러 전문가의 의견과 시각을 참고해서 자신만의 관점을 구축해보시기 바랍니다. '본질에 충실했다', '혁신적인 서비스를 제공했다', '다양성을 잘 이해했다' 등등 여러 평가들이 있습니다.

'네이버 성공 요인'을 키워드로 검색해 보면 다양한 평가들을 확인해볼 수 있습니다. 이밖에 네이버가 인터넷 영역이므로 '웹브라우저 시장의 흥망성쇠'에 대한 이해도 함께 해두면 보다 넓은 시각을 갖출 수 있을 것입니다. 참고로 ITworld 사이트(itworld.co.kr)의 인사이트 섹션과 오피니언 섹션 같은 경우 IT이슈들에 대한 국내외 전문가들의 날카로운 분석을 엿볼 수 있으며, 목록 중에는 '넷스케이프부터 크롬까지, 웹브라우저 15년사 총정리' 같은 정보도 눈에 띕니다. 요즘 IT 관련 뉴스 사이트는 매우 다양하므로 여타 사이트들도 잘 활용해보시기 바랍니다.

네이버는 블로그 서비스를 통해 사용자를 모집하고 2002년 지식in 서비스를 오픈, TV 광고를 통해 적극적으로 홍보했다. 그 결과 네이버의 시간당 방문자 수는 2004년 2월 랭키닷컴 기준 처음으로 다음을 제쳤다. 또, 2004년 연말에는 검색시장 점유율이 60%까지 상승해서 검색에서 네이버 브랜드를 확고하게 굳혔다.

네이버 수익 모델의 이해_검색 광고와 디스플레이 광고

네이버 포털에서 제공하는 서비스는 검색을 비롯하여 블로그, 카페, 메일, 지식in, 지도, 뉴스, 네이버 쇼핑, 날씨, N드라이브 등 다양하다.

네이버는 이를 위해 많은 인력을 고용하는 것은 물론, 데이터센터^{IDC} '각'에 7,000대의 서버를 설치, 운영하고 있다. 지금 각에서 사용하고 있는 순간 최대 전력량은 2만 7,000kw로 네이버는 연간 1,000억 원이 넘는 통신비를 지출하고 있다. 각의 서버는 9만 대까지 확장할 수 있어 앞으로 데이터 양이 늘어나게 되면 네이버의 비용은 더욱 증가하게 된다. 또한 개발 및 운영 인력 등 인건비가 연간 6,000억 원 수준이다. 광고선전비도 연간 2,000억 원을 지출하는 등 네이버의 비용은 대부분 고정비성 비용이다.

그럼에도 불구하고 네이버는 블로그, 카페, 메일, 검색, 뉴스 등 대부분의 서비스를 무상으로 제공하고 있다. 이용자에게 과금을 하게 된다면 경쟁 서비스로 사용자가 이탈할 것이고, 인터넷 서비스의 핵심 경쟁력인 트래픽(Traffic, 일반적으로 통신 장치나 시스템을 통해 전송되는 데이터량을 의미하지만 인터넷 서비스에서는 이용자 활동성으로 사용되는 경우가 많다.)이 하락하면서 이미 종료한 많은 서비스와 같은 길을 걸을 것이기 때문이다.

과거 인터넷 서비스 자체를 과금화하려는 시도가 몇 차례 있었으나, 서비스의 전면 유료화에 성공한 사례는 없다. 프리챌이 2002년 커뮤니티 서비스를 유료화하려고 시도하자 대부분의 이용자들이 네이버나 싸이월드, 다음 카페 등 유사한 서비스를 제공하는 웹사이트로 이탈했다. 다음은 아직 최대 메일 계정 수를 확보하고 있지만 한때 온라인 우표제를 시행하면서 대용량 메일 발송자에게 요금을 부과하자 불편함을 느낀 일부 이용자들이 다른 메일 계정으로 옮겨 갔다. 이후 다음은 온라인 우표제를 폐지했다.

포털 사업자들이 기존에 제공하던 서비스를 유료화해서 수익을 얻기는 쉽지 않다. 유사 서비스를 제공해 줄 대체 사업자들은 얼마든지 있기 때문이다. 인터넷은 완전경쟁시장이기 때문에 소비자가 쉽사리 다른 서비스로 옮겨갈 수 있어 서비스를 유료화할 경우 사용자 이탈이 예상된다.

이에 따라 포털 사업자들은 좀 더 간접적인 방식으로 유동 인구를 현금화하는 길을 택했다. 즉, 광고이다. 인터넷 광고는 크게 검색 광고(SA: Search Ad)와 디스플레이 광고(DA: Display Ad)로 나뉜다. 인터넷 광고 과금 체계는 크게 4가지 유형으로 나뉘지만 주로 CPC와 CPM의 2

Fig 01

인터넷 광고 요금 체계

	개념	장점	단점
고정 요금	- 웹사이트의 특정 위치에 고정적으로 광고 게재 - 광고요금은 미리 정해진 페이지당 단가로 산정	- 관리 용이 - 광고요금 산정 방식이 쉽고 단순	- 광고 효과(광고 노출 수, 클릭 수) 고려하지 않음
노출 기준 요금 (CPM: Cost per Millennium)	- 광고가 사용자에게 노출된 횟수(보통 1,000 페이지뷰 단위) 기준으로 광고요금 산정 - 주로 디스플레이(배너) 광고에 사용	- 광고 단가 저렴 - 일정 광고 효과를 예측, 광고 노출 보장 받을 수 있음	- 광고 노출 이후 이용자의 행동 및 집중도, 광고 효과의 질적 측면 측정 불가능
클릭 기준 요금 (CPC: Cost per Click, PPC: Pay per Click)	- 광고를 클릭한 횟수에 의해 광고비 책정 - 주로 검색 광고에 사용	- 일정한 광고 결과를 보장 - CPM 방식에 비해 이용자의 광고 주목도를 좀 더 자세히 파악할 수 있음 - 광고 효과가 없을 때는 요금을 지불하지 않아도 되어 광고주 부담이 적음	- 클릭 이후 이용자 행동 파악할 수 없음 - 클릭 자체가 실질적 구매를 의미하지는 않으므로 투자수익(ROI) 관리 필요
결과 기준 요금 (CPA: Cost per Action, CPP: Cost per Purchase)	- 실제 광고 목표와 관련된 행위(구매, 회원가입 등)를 단위로 광고요금 책정	- 광고 캠페인 목적 달성 여부를 기준으로 광고비가 책정되므로 광고주에게 가장 유리	- 판매 이외 목적을 띤 광고에 적절한 과금이 이루어지지 않음 - 광고를 게재해 주는 플랫폼에 불리

자료: 방송통신위원회

가지 방식이 사용된다. CPC는 Cost per Click의 약자로 소비자가 광고를 클릭할 때마다 과금하는, 주로 검색 광고에서 사용되는 기법이다. 반면 CPM(Cost per Millennium)은 일정 노출 횟수(보통 1,000회)를 기준으로 과금하는, 주로 디스플레이 광고에서 사용되는 기법이다. 요약하자면 포털 사업자의 주요 수익원은 검색 광고와 디스플레이 광고이며 각각 클릭 수와 노출 수를 기준으로 과금한다.

멘토의 Tip ❷　　　　　　　　　광고요금체계의 개념과 특징 알아두기

광고요금체계의 개념과 특징에 대해 잘 알아둡시다.
네이버 주수익원은 검색 광고와 디스플레이 광고인 만큼 광고홍보 전공이 아니더라도 CPC나 CPM 방식이 구체적으로 어떤 구조의 수익 모델인지 정도는 명확하게 이해해두시기 바랍니다. 또한 4가지 광고요금체계의 각 개념과 특징 정도에 대한 윤곽은 항상 머릿속에 그려두고 계시기 바랍니다.

관련 자료 찾아보기 ❷
네이버 자료, 〈네이버 키워드 광고 전략적 활용 방법〉

2008년에 작성되어 시일이 다소 지났지만 네이버 내부에서 작성된 '네이버 키워드 광고 전략적 활용 방법' 자료를 참고해볼 만합니다. 네이버 광고주 구성, 키워드 광고 단계별 접근방법, CPC와 CPM과의 비교 분석 등 핵심 주제들에 대해 자세한 내용을 확인할 수 있습니다.

a. 정보와 광고 사이, 검색 광고

인터넷은 개별 영역으로 존재하고 있었던 광고, 마케팅, 유통, 소비의 경계를 붕괴시켰다. 과거 저러한 영역들은 각각의 경로를 통해 이루어졌지만 인터넷은 이 모든 생산 및 소비를 아우르는 미디어 플랫폼으로서 사회 가치와 질서를 변화시키고 있다. 인터넷이 과거의 미디어Old Media와 가장 크게 차별화되는 점은 즉시성과 소비자의 적극성이다. 소비자들은 인터넷 상에서 원하는 것을 기다림 없이 즉각적으로 얻어낼 수 있을 뿐 아니라 자신의 욕구를 충족시키기 위해 적극적으로 인터넷을 이용한다.

대부분 광고는 소비자들에게 일방적으로 전달된다. 텔레비전을 시청하다 보면 중간에 맥을 자르면서 TV 광고가 나오고, 길을 걷다 보면 원하지 않는데도 전단지를 받아야 하는가 하면 두꺼운 잡지책의 절반 이상이 광고이다. 때로 신문을 읽다 보면 기사가 아니라 기사형으로 작성된 광고를 읽고 있다는 사실을 깨닫고 신문을 내려놓기도 한다. 즉, 기존 미디어에서는 대부분 광고를 원하지 않는 소비자들에게 반강제적으로 제품을 인식시키고 이미지를 심어주기 위해 갖은 노력을 기울인다.

그러나 소비자들은 인터넷 광고를 기존 미디어 광고만큼 귀찮게 여기지 않는다. 인터넷 광고를 '정보'로 인식하기 때문이다. 게다가 이들은 이 '정보'를 소비할 뿐만 아니라 재생산, 유통하기까지 한다. 포털 사이트들이 하는 역할은 정보를 생산하는 일이 아니라 무한한 정보 중에서 소비자의 필요Needs에 맞는 정보를 선별해 주는 것이다. 따라

	키워드 광고	배너(노출) 광고	기존 광고
매체 종류	네이버(클릭초이스), 구글	각종 포털 사이트	라디오, TV, 인쇄, 옥외 광고
광고 방식	Pull 방식	Push/ Pull 방식	Push 방식
타겟	특정 대상(Target Marketing)	대중(Mass Marketing-개인화되면서 Target Marketing으로 발전 가능)	대중(Mass Marketing)
사용자 스타일	능동적(Active User)	수동적(Passive Audience)	수동적(Passive Audience)

자료: 『네이버, 구글에도 없는 인터넷 광고 마케팅을 컨설팅하라(오세종 저)』, IBK투자증권

서 이들 포털 사이트는 소비자의 신뢰를 얻기 위해 검색의 질을 유지하면서 동시에 유동 인구를 확보해야 한다.

이를 위해서 포털 사이트는 광고 단가 입찰 시 높은 단가를 써낼 뿐 아니라 검색어에 맞는 페이지를 구현한 사업자에게 유리하게 광고를 배정해 준다. 물론 광고주 입장에서도 광고비를 집행하면서 더 많은 소비자에게 광고가 노출되기를 바란다. 이 성과 기준이 되는 것이 유동 인구인데 인터넷에서는 UV나 페이지뷰(사용자가 특정 사이트에 들어가 웹페이지를 클릭하여 열어본 수치) 등의 지표를 사용한다.

네이버가 제공하고 있는 서비스의 핵심이 되는 가치는 정보 제공이기 때문에 네이버의 서비스는 검색을 보완하고 강화하는 방향으로 발전해 나가고 있다. 2014년 기준 네이버 전체 매출의 67%는 인터넷 광고이며, 검색 광고가 전체 매출에서 차지하는 비중도 55.4%다. 인터넷 광고 시장이 스마트 기기의 발전으로 새로운 전기를 맞이하고 있지만 앞으로도 네이버는 검색과 정보 제공을 주요 가치로 성장해 나갈 전망이다.

유선 인터넷 검색 광고 시장은 계속해서 발전할 전망이다. 양적 성장과 가격적 상승 요인이 공존하기 때문이다. 양적 성장은 크게 두 가지로 나누어 볼 수 있다. 첫째는 광고주 수의 증가이다. 자영업이 발달하면서 자연히 소규모 사업자(SOHO: Small Office Home Office) 수가 늘어나고 광고주 수도 증가할 것이다. 검색 광고는 소비자가 클릭할 때마다 과금되고 고정비가 지출되지 않기 때문에 소규모 사업자가 인지도를 선전하기에 적합하다. 판매관리비를 줄이기 위해 인터넷을 통해 사업을 하는 광고주에게도 검색 광고는 최적의 광고 수단이다.

둘째, 양적 성장 요인은 한 광고주가 구매하는 검색 키워드 수가 증가한다는 것이다. 소규모 사업자 수가 늘어나면서 비슷한 제품을 같은 경로를 통해 판매하는 경쟁이 심화되므로 사업주는 자사의 제품과 상품이 조금이라도 더 소비자에게 노출되기를 원할 것이다. 그러므로 핵심 키워드(예: 인천 횟집)만이 아니라 주변 키워드(예: 인천 활어회, 인천 회 맛집 등)도 함께 구매하며 노출 가능성을 높여 나갈 것이다.

경쟁이 심화되므로 키워드당 광고 단가도 상승할 전망이다. 검색 광고의 키워드는 입찰 방식으로 가격이 결정되므로 더 많은 광고주가 광고를 원할수록 단가는 상승하게 된다.

현재 과점하고 있는 검색 광고 시장이 성장할수록 네이버의 독주 체제는 굳건해질 전망이다. 통합 검색이 웹 검색을 밀어내고 국내시장을 완전히 장악하고 있는데다 국내 경쟁사들에 비해서도 네이버 검색의 양과 질이 우위에 있기 때문이다. 영어에서 '구글'이 '검색하다'는 의미의 동사로 자리매김했듯이 국내에서는 '네이버에게 물어 봐'라는

말이 일상적으로 쓰일 정도로 네이버 검색 브랜드에 대한 소비자의
선호도는 확고하다.

검색 광고 가치사슬(Value Chain) – 검색 광고에서는 집행과 효율성에 크게 영향을 미치는 광고 대행사의 역할 강조

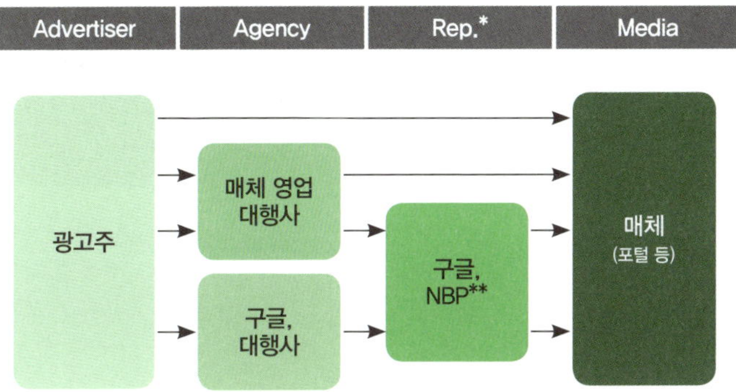

디스플레이 광고 가치사슬(Value Chain) – 디스플레이 광고는 비교적 단순한 구조

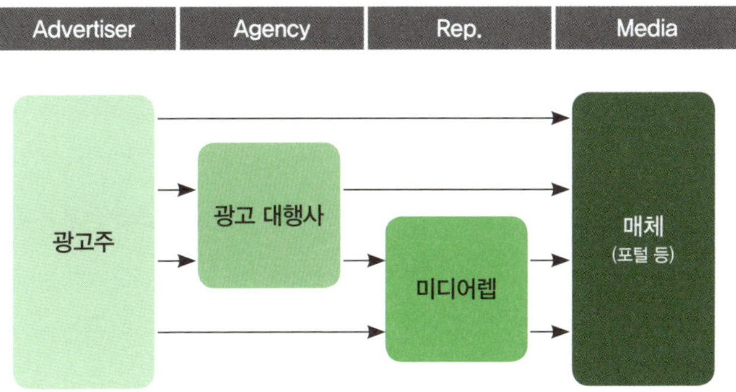

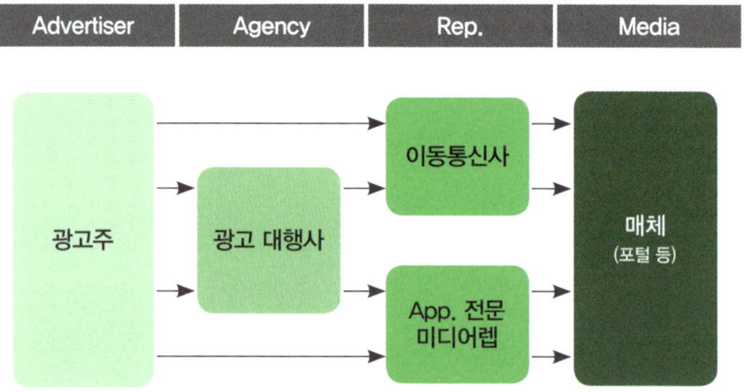

다만 인터넷을 이용하는 기기가 PC에서 모바일 디바이스로 바뀌면서 네이버의 고민도 깊어질 수밖에 없다. PC 검색 점유율에 비해 모바일 검색 점유율이 낮기 때문이다. 이는 안드로이드 스마트 디바이스에서 구글이 기본 검색엔진으로 탑재되면서 네이버 이용이 상대적으로 적어졌기 때문이다. 최대 15개까지 광고를 노출할 수 있는 PC 화면과 달리 모바일 디바이스 화면은 좁고 짧아 노출할 수 있는 광고 수도 5개로 적다는 것도 문제다. 그러나 이미 네이버 검색어Query 중 모바일 비중이 절반을 넘고 있고, PC 검색 광고 시장이 정체되고 있다는 점은 주지의 사실이므로 모바일 광고가 새로운 성장 동력임은 분명하다. 2015년 1분기 기준 모바일 검색 광고 비중은 30%까지 상승했다.

국내 모바일 검색시장의 현황과 구글과의 경쟁 전략에 대해서도 생각해봅시다.

모바일 검색시장의 중요성 때문에 기존 PC 검색을 독점했던 구글이 안드로이드 플랫폼으로 대응했고, 이를 통해 그들의 검색 독점력을 계속 유지하고 있다는 것은 주지의 사실입니다. 앞으로도 모바일 검색의 비중이 지속적으로 커지는 상황이라면 회사 입장에서도 전사적으로 대응할 수밖에 없을 것입니다. 국내에서 구글과는 어떻게 경쟁 전략을 가져가는 것이 좋을지를 미리 탐색해보시기 바랍니다.

관련 자료 찾아보기 ❸
DMC미디어, 〈모바일 검색시장 현황〉

DMC미디어에서 2010년 발간한 '모바일 검색시장 현황' 자료를 보면 모바일 검색 광고 시장의 현황, 이용 형태, 다양화 등을 주제로 내용이 잘 정리되어 있습니다. 이 자료 외에도 최근 모바일 검색 광고 시장과 관련한 자료들을 찾아보면 유용한 내용들을 많이 발견하실 수 있을 겁니다.

b. 배너 광고로 대표되는 디스플레이 광고

디스플레이 광고의 경우, 가장 쉬운 예는 배너 광고로 검색 광고와 달리 고정비성 성격이 짙다. 광고비 지출이 많고 일정 예산을 미리 계획해서 집행해야 하는 만큼 디스플레이 광고주는 대기업이 많은 편이다. 과거에는 자동차나 영화 등이 1면 배너 광고를 주로 장식했다면 최근에는 게임이나 화장품, 소셜 커머스 등이 새로운 광고주로 부각되고 있다. 배너 광고는 보통 CPM(Cost per Millennium, 1,000단위의 페이지뷰당 광고를 과금하는 방식) 방식으로 과금하기 때문에 검색 광고와 달리 광고 인벤토리(Inventory, 광고를 할 수 있는 영역, 광고를 집행할 수 있는 계정)가 있고, 플랫폼(포털 등 광고를 노출하는 통로)은 일정 수준의 페이지뷰를 보장해 주어야 한다.

역시 모바일화가 진행되면서 네이버는 디스플레이 광고 수익화Monetization에 대해 새로운 도전에 직면하고 있다. 온라인 환경에서는 웹으로 인터넷에 접속하기 때문에 다른 서비스를 이어주는 포털의 장악력이 압도적이지만, 앱을 통해 바로 인터넷에 접속하는 모바일 환경에서는 굳이 포털을 통하지 않아도 서비스를 이용할 수 있기 때문이다. PC에서는 주로 네이버나 다음 등 포털을 이용하는 게임 광고나 쇼핑몰 광고도 모바일에는 광고주들이 같은 사용자층을 노리기 위해 게임이나 쇼핑 앱으로 향하는 경우가 많다. 물론 작아진 화면도 고민이다. 이러한 제약을 극복하기 위해 네이버는 모바일 전용 광고 상품을 내놓고 있다. PC에서도 이미 실시되고 있지만 동영상이나 소리를 결합한 리치미디어Rich Media 광고나 사용자의 참여를 유도하는 광고 상품을 적극적으로 개발한다든가, 검색 시 이미지를 보여주는 광고 상품을 판매하는 등 광고 단가를 높이는 데 주력하고 있다.

 **네이버의 모바일 디스플레이 광고 전략과 경쟁 사업자들의 대응 전략도 탐색해봅시다.**

모바일 검색시장의 확장으로 네이버 입장에서는 디스플레이 광고 수익성 확보가 하나의 도전과제로 인식되고 있습니다. 모바일 디스플레이 광고의 구조와 각 사업자들의 대응 전략을 비교 분석해 보면서 네이버의 현 전략과 경쟁력을 높이기 위해서는 추가적으로 어떤 것들이 요구되는지에 대해서도 관련 자료를 찾아보면서 탐색해보시기 바랍니다.

관련 자료 찾아보기 ❹
모바일 마케팅 컴퍼니 블로그 '모비데이즈' 

모바일 마케팅 관련 사이트들을 활용하면 모바일 광고 시장의 주요 이슈와 경쟁사 간 전략 등에 대해서 보다 구체적인 내용을 이해할 수 있을 것입니다. 한 예로, '모비데이즈'라는 모바일 마케팅 컴퍼니의 블로그에 들어가 보면 미국의 모바일 광고 시장 사례나 네이티브 광고 같은 기법들을 소개하는 내용들이 있는데 네이버의 디스플레이 광고 부문에 대한 시사점도 엿볼 수 있을 것입니다.

구글에 압승한 네이버, 다음과 2강 체제 수립

전 세계 검색시장의 대부분은 구글이 점령하고 있다. 통계에 따라 다르지만 구글의 전 세계 검색 점유율은 70~90%이며, 일반적으로는 80% 정도를 점유하고 있다고 추정된다. 강력한 엔진 덕분에, 구글은 대부분 국가에서 1위를 차지하고 있다. 구글이 1위를 점유하지 못하고 있는 나라는 우리나라, 일본, 중국 등 아시아 국가 일부이다. 중국 정부는 구글, 유튜브, 카카오톡, 라인, 페이스북 등 외국 서비스를 모두 금지하고 있다. 이러한 조치는 두 마리의 토끼를 잡기 위한 것으로 자국 인터넷 기업을 육성하면서 정치적으로 국민을 통제하는 효과를 모두 누리고 있다. 중국의 1등 검색 사이트는 바이두Baidu, 百度로서, 네이버와 매우 비슷한 사업 구조를 갖고 있다. 일본은 구글 대신 야후재팬이 검색 점유율 70%로 압도적인 1위를 차지하고 있다.

국내에서는 네이버의 검색 점유율이 PC 기준 70%, 모바일 기준 60% 내외이다. 지난해부터는 네이트가 다음에 검색 사업을 양도함으로써 검색 기능을 온전히 갖춘 포털은 네이버와 다음 2강 체제로 좁혀졌다. 게다가 2위 포털인 다음과의 격차가 꾸준히 유지되고 있기 때문에 국내에서 네이버의 위치는 확고하다. 다만, 모바일의 인터넷 사용 점유율이 급격히 상승하면서 PC 검색어 수가 줄어들고 있다는 점, 구글이 모바일에서 검색 점유율을 확대하면서 이미 2014년 말부터 다음을 제치고 2위로 올라서고 있다는 점이나 모바일에서 인터넷 포털이 가지는 지배력이 PC에 비해 크게 약화되었다는 점, 모바일 인터넷에서는 포털이나 검색뿐 아니라 SNS 등 다른 서비스와도 경쟁을 해야 한다는 점은 생각해 볼 만한 문제이다.

기회 요인과 리스크 요인 살펴보기

모바일 검색 비중 확대와 이에 따른 네이버의 기회 요인과 리스크 요인을 살펴보고 대응전략을 생각해봅시다.

모바일 검색의 비중이 확대되고 있다는 것은 네이버에 기회이자 동시에 리스크 요인으로 작용하고 있음을 알 수 있습니다. 기회라면 어떻게 전략을 가져가면 좋을지, 그리고 리스크가 커지고 있다면 어떤 대응 전략을 준비하는 것이 바람직할지 전체 프레임을 한번 짜보시기 바랍니다.

관련 자료 찾아보기 ❺
검색 키워드, '모바일 광고의 현재와 미래'

'모바일 광고의 현재와 미래'라는 키워드로 검색해 보면 모바일 마케팅 컨퍼런스 행사도 매년 열리고 있고, '현재 모바일 광고 생태계'나 '모바일 플랫폼의 현재와 미래' 같은 주제로 다양한 자료들을 찾아볼 수 있습니다. 네이버의 광고 검색 부문을 이해하는 데 이런 자료들을 되도록 많이 챙겨볼 필요가 있습니다. 네이버의 주수익원이 검색 광고에서 나오고 있는 만큼 이를 이해하는 자신만의 시각을 잘 갖추고 있어야 하기 때문입니다.

전 세계 검색엔진 점유율 추이 – 구글이 점령한 전 세계 검색시장, 자체 검색엔진 보유 국가는 한국, 중국, 러시아 뿐

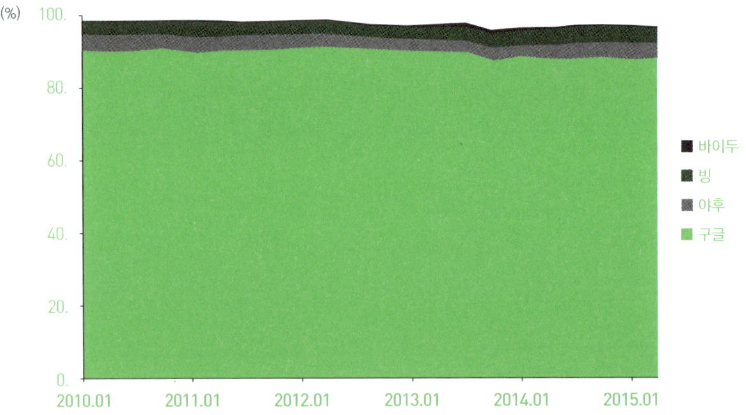

자료: sstorm.egloos.com 참고

분기별 국내 PC 검색어 수 추이 – 모바일 인터넷 시대, PC 검색어 감소 추세 지속

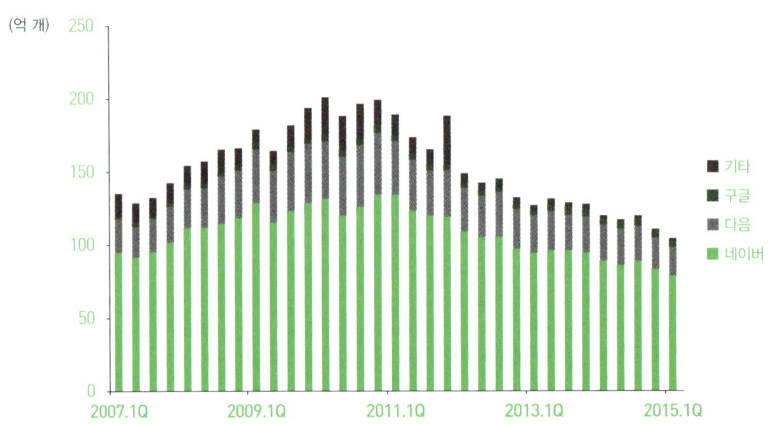

자료: 코리안클릭

국내 모바일 검색 점유율 – 모바일 검색도 네이버가 압도적이나 구글이 급부상 중

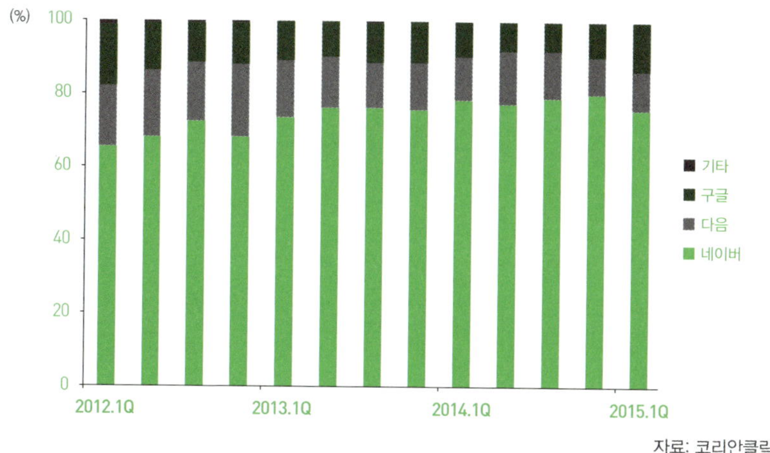

자료: 코리안클릭

아시아의 1등 메신저 '라인(LINE)' 출범

스마트폰이 보급되고 나서 일어난 가장 큰 변화 중 하나는 휴대전화 사용자들 간의 커뮤니케이션 방식일 것이다. 건당 과금하던 문자와 데이터만 있으면 무제한으로 서비스를 이용할 수 있는 모바일 메신저(MIM: Mobile Instant Messenger)는 확연히 다르기 때문이다.

북미와 유럽에서 왓츠앱Whatsapp이 먼저 서비스를 시작했고, 국내에서는 카카오톡Kakao Talk이 시장을 선점했다. 2014년 10월 기준 우리나라 스마트폰 보급률은 80% 수준까지 상승했고, 휴대전화를 소유할 수 있는 연령층 기준으로는 거의 대부분이 스마트폰을 가지고 있다고 볼 수 있다. 우리나라 전체 인구 대비 카카오톡 국내 월 사용자 수(MAU:

Monthly Active User)도 80% 수준이므로 스마트폰을 가지고 있는 우리나라 국민 대부분은 카카오톡을 사용한다고 볼 수 있다. 다음에서 내놓았던 마이피플이나 기존 PC에서 메신저 시장을 장악하고 있었던 네이트온의 모바일 버전 등이 경쟁자로 도전했지만 지금도 카카오톡의 아성은 견고하다. 카카오톡의 보안성이 도마에 오르면서 텔레그램 Telegram 등 해외에 본사와 서버를 두고 있는 서비스들이 주목을 받았지만 실제로 카카오톡의 사용자 활동성이 타격을 입지는 않은 것 같다.

라인LINE은 2011년 6월 당시 NHN재팬에서 출시된 글로벌 모바일 메신저로, 라인 가입자들끼리 무료 메시지와 무료 영상 및 음성 통화를

Fig 07

iOS와 구글플레이 매출 합계로 본 지역별 대표 메신저 분포 – 일본과 동남아시아 시장의 1등 메신저 라인

자료: App Annie

할 수 있는 서비스를 제공하고 있다. 라인 메신저는 2011년 6월 23일 일본에서 처음 서비스를 개시한 이후 한국어와 일본어, 영어 등 16개 국 언어로 서비스되고 있다. 라인을 출시한 NHN의 100% 자회사인 NHN재팬은 2013년 4월 라인주식회사LINE corp.로 사명을 바꾸었으나, 여전히 네이버의 100% 자회사로 남아 있다. 향후 네이버는 라인주식 회사의 사업 독립성을 확보하기 위해 라인을 미국 또는 일본에 상장 할 계획을 가지고 있다. 2015년 4월 현재 시점에서 라인은 미국 나스 닥과 일본 동경 증권거래소에 상장심사 청구서를 제출한 상태이나 라 인 상장에 관해서 구체적인 사항이 정해지지는 않은 상태이다.

라인은 SNS나 메신저 중에서 가장 빠른 시일 내에 가입자 수 1억 명 을 달성했다. 2011년 6월에 출시된 라인은 가입자 수 1억 명을 유치하 는 데 26개월이 걸렸다. 같은 수의 가입자를 확보하는 데 페이스북은 56 개월, 트위터가 67개월이 걸린 걸 감안하면 라인의 성장 속도가 이들 SNS에 비해 2배 이상 빠른 것이다.

 **라인을 통해 어떤 가치를 유지 및 개척하려는 것인지 생각해봅시다.**

라인은 처음부터 글로벌 서비스를 의도하여 실제로 성공시킨 네이버의 효자 사업입니다. 메신저 및 소셜 플랫폼 구축이라는 전략하에 매우 다양한 서비스 전략을 구사하고 있다고 해야 할 것입니다. 구글이 안드로이드라는 모바일 플랫폼를 통해 검색 독점력을 유지하는 데 성공한 것처럼 네이버도 라인이라는 소셜 플랫폼으로 어떤 가치를 유지 및 개척하려는 것인지의 관점에서 생각해볼 필요가 있습니다. 또한 라인이 네이버의 자회사이긴 하지만 라인의 성공 스토리와 잠재적인 경쟁자는 누구일지에 대한 내용 정도는 미리 챙겨둘 필요가 있습니다.

관련 자료 찾아보기 ❻
한국인터넷진흥원,
〈인터넷플랫폼 비즈니스 동향 분석 및 정책적 제언〉 

한국인터넷진흥원 홈페이지에 들어가서 KISA Library 코너를 활용해 봅시다. 인터넷 관련 여러 주제들에 대한 연구 결과물들을 한 곳에 모아둔 곳인 만큼 IT기업 지원자들에게는 필수 방문 페이지라 생각됩니다. 동 연구원에서 2014년 발간한 〈인터넷플랫폼 비즈니스 동향분석 및 정책적 제언〉 같은 자료도 네이버가 추구하는 플랫폼 비즈니스를 객관적으로 이해하는 데 유용합니다.

인터넷 광고 산업 트렌드

계절성 없는 SOHO들의 유토피아_검색 광고

검색 광고는 팻 테일 사업Fat Tail Business이다. 팻 테일이란 정규 확률 분포에서 일어나는 현상이다. 일반적으로 많은 사건들은 평균 근처에서 많이 일어나고 평균에서 멀어질수록 적게 일어나는데, 그림으로 나타내면 종을 세워둔 모양이다. 예를 들면 사람의 키나 몸무게 등은 평균 근처에 많은 사람들이 몰려 있고, 평균에서 떨어진 아주 뚱뚱하거나 마른 사람들은 점점 그 수가 적어진다. 하지만 종 모양이 양 끝이 길게 낮아지지 않고 오히려 두터워지는 일이 일어나는데, 이를 팻 테일 현상이라고 부른다. 검색 광고가 팻 테일인 이유는 대규모 광고비를 집행할 수 있는 큰 광고주 말고도 무수히 많은 소규모 광고주SOHO들이 고객이기 때문이다.

광고주들의 구성이 매우 다양하기 때문에 전체 광고주들이 판매하는 상품이나 서비스 포트폴리오는 계절성이 낮다. 계절성이라고 한다면 광고주들의 필요에 따라 일부 검색어^{Query}의 가격이 크게 등락하는 경우가 있다. 예를 들어 졸업식, 어버이날, 스승의 날, 로즈 데이가 끼어 있는 달에는 '꽃배달'이나 '꽃바구니', '꽃집'들의 검색어에 대한 가격이 자연스럽게 상승할 수밖에 없고 휴가철이 다가오면 성형외과나 여행 광고 검색어 가격이 오른다. 이는 검색 광고 단가가 시장에 맡겨져 있어 입찰 가격에 따라 등락하도록 되어 있기 때문이다. 그러나 전체 광고주 포트폴리오가 넓기 때문에 계절성은 대부분 상쇄된다.

또한 개별 광고주들이 집행하는 광고비가 비교적 소규모인데다 광고 효과가 발생하지 않으면, 즉 소비자들이 광고를 실제로 클릭하지 않으면 광고비가 집행되지 않는 변동비적인 특성을 가지고 있기 때문에 경기에 영향을 적게 받는 편이다.

검색 광고의 경우 앞서 설명했듯이 이미 확보된 데이터베이스가 사업자의 자산인데, 이는 거대 자본이라도 단기간에 쌓을 수 없는 영역이므로 진입 장벽이 매우 높다. 또한, 광고 수용자들이 스스로의 필요에 의해 자발적으로 광고를 찾으므로 자기자본이익률^{ROE}로 대표되는 광고주의 광고 효율성 또한 높다.

 **네이버의 핵심 사업인 검색 광고에 대한 기본적인 이해도를 갖추어두시기 바랍니다.**

앞에서 여러 차례 언급되었지만 검색 광고는 네이버의 주수익원이므로 검색 광고의 기본적인 구조, 검색 광고 시장의 생태계, 주요 검색 광고 대행사와 그들과의 관계 등에 대해서도 이해도를 갖춰두시기 바랍니다.

대형 광고주의 옥외광고 이식처_디스플레이 광고

계절성이 낮은 검색 광고와 달리, 디스플레이 광고는 확실한 성수기가 있다. 디스플레이 광고는 제한된 광고 인벤토리를 광고주에게 판매하는 형태이기 때문에, 고정비적인 성격인데다 단기간에 많은 비용을 필요로 하기 때문에 대형 광고주의 비중이 높다. 전통적인 광고주로는 자동차나 핸드폰 등 고가의 신제품을 출시하는 브랜드가 있었지만 최근에는 화장품, 영화, 게임, 소셜 커머스 등 새로운 광고주들이 유입되고 있다. 디스플레이 광고는 광고주의 예산 수립과 집행에 많은 영향을 받기 때문에 일반적으로는 광고주가 한 해의 예산을 집중적으로 집행하는 4분기가 최고 성수기이며, 그 다음으로는 여름 휴가철을 맞아 소비 심리가 부양된 3분기의 매출이 높은 편이다. 그리고 광고가 집중되는 연말이 지나고 연초인 1분기에는 디스플레이 광고가 비수기이다. 그러나 선거나 월드컵이나 올림픽과 같은 스포츠 경기 등 특별한 이벤트가 있는 경우에는 일회성으로 매출이 증가하는 현상을 보이기도 한다.

무서운 성장세로 위협하는_모바일 디스플레이 광고

검색 광고가 전화번호부를 웹의 영역으로 옮겨 온 것이라면, 디스플레이 광고는 옥외 광고판이나 간판을 웹의 영역으로 이식해 온 것이다. 모바일이든 PC든 검색 광고의 플랫폼은 검색엔진을 탑재해야 하기 때문에 비교적 제한적인 반면, 디스플레이 광고는 눈에 잘 띄기만 한다면 무엇이든 플랫폼이 될 수 있어 검색 광고에 비해 뉴미디어가 진입하기 쉽다. 그러므로 모바일 인터넷과 스마트폰, 어플리케이션이 발전하면서 포털은 디스플레이 광고의 주요 채널 자리를 위협 받고 있다. 모바일 디스플레이 광고의 주요 플랫폼으로는 모바일 게임이나 소셜 커머스 앱이 크로스 프로모션이나 광고에 사용되는 경향이 짙다. 이들 어플리케이션을 이용하는 사용자들은 해당 서비스에 대한 실수요층이기 때문에 경쟁 업체나 서비스에서 광고하는 것이 실질적으로 효과를 나타내기 때문이다. 또한, 페이스북이나 카카오스토리 등 SNS 업체도 강력한 경쟁자이다.

플랫폼별 국내 인터넷 광고 시장 규모 − 아직은 PC가 주요 광고 플랫폼이나, 모바일 광고가 맹추격

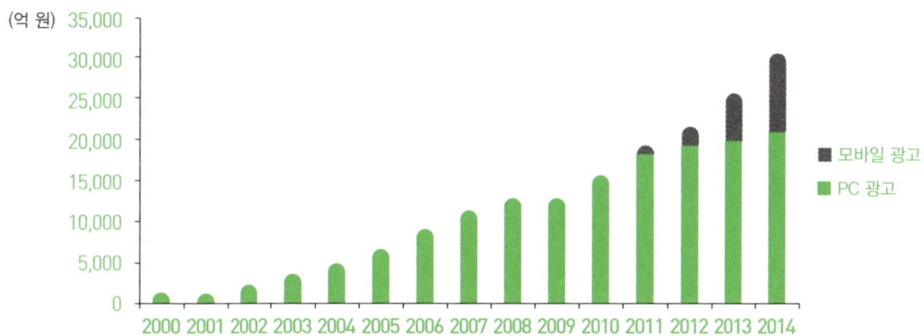

자료: 온라인광고협회

광고 형태별 국내 인터넷 광고 시장 규모 − PC와 모바일 플랫폼 모두에서 검색 광고가 대세

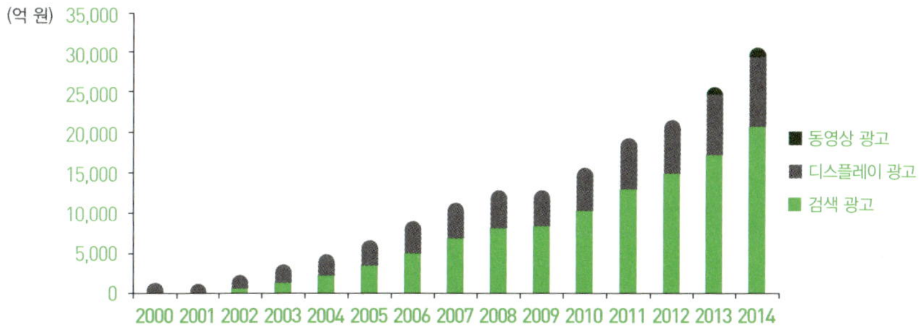

자료: 온라인광고협회

네이버의 분기별 검색 광고 매출과 모바일 매출 비중 추이 – 검색 광고 매출 중 모바일 비중 30%
까지 상승

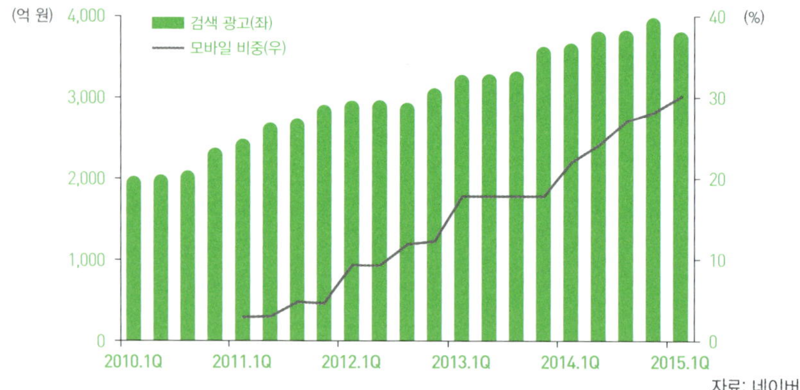

자료: 네이버

네이버의 분기별 디스플레이 광고 매출과 모바일 매출 비중 – 상대적으로 낮은 디스플레이 광고의
모바일 매출 비중

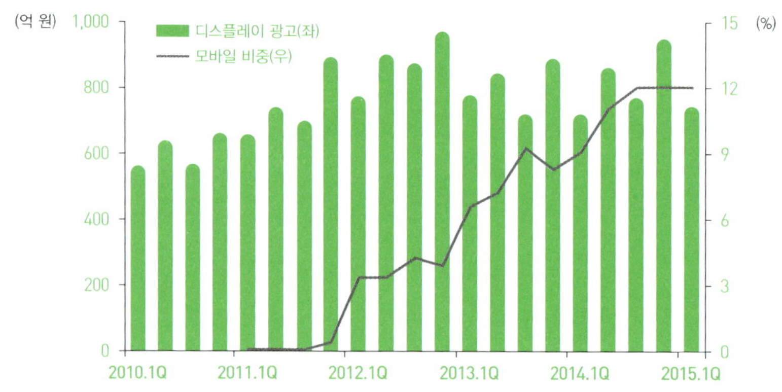

자료: 네이버

 **매체로서의 디스플레이 광고의 현재와 미래를 살펴봅시다.**

디스플레이 광고는 그 특성상 기존 광고 매체의 또 다른 형태라고 할 수 있습니다. 사실 광고 시장에서 주요한 매체를 갖고 있다는 것은 큰 비교우위를 갖고 있다고 하겠습니다. TV나 신문 외에도 지하철, 건물 옥상, 고속도로 주변 야립 간판, 공항 터미널 등 다양한 광고 매체들이 존재합니다. 웹페이지도 인터넷의 등장에 따른 주요 광고 매체가 된 것입니다. 아무튼 디스플레이 광고를 이해할 때 광고 매체로서의 현재와 미래라는 측면에서도 잘 살펴보면 좋겠습니다.

관련 자료 찾아보기 ❼
웹사이트 'Di today', 'CIO코리아' 

디스플레이 광고 시장의 이슈를 포함 웹 상에서의 마케팅에 대한 다양한 주제를 다루고 있는 온라인 'Di today'나 'CIO코리아' 같은 사이트를 참고하면 좋을 것 같습니다. 그리고 직접 '네이버 디스플레이 광고' 사이트 (http://displayad.naver.com)에 들어가서 각 페이지들을 살펴보면 디스플레이 광고가 무엇인지에 대해 더 많은 느낌과 경험을 구축해볼 수 있을 것입니다.

03

모바일의 등장과
약해지는 PC인터넷

실생활을 크게 변화시킨 스마트폰의 보급

스마트폰의 보급은 사용자의 실생활을 크게 변화시켰다.

일단, 기다림이라는 측면이 많이 줄어들었다. 네비게이션에 티펙(TPEG: Transport Protocol Expert Group) 기능이 부착된 것은 스마트폰이 나오기 전이었지만 이제는 네비게이션 없이도 어떤 길이 막히는지 미리 알 수 있고, 출발지에서부터 목적지까지 차로, 대중교통으로, 도보로, 자전거로 얼마나 걸리는지 알 수 있게 되었다. 버스와 지하철 도착 시간을 쉽게 알 수 있게 되어 하염없이 막차를 기다리는 일도 없어졌다. 우버나 카카오 택시 등의 서비스에서도 호출한 택시가 언제쯤 도착하는지 미리 알 수 있게 되어 시간에 맞춰 나가면 된다.

이동 시간의 지루함을 덜게 된 것도 스마트폰 덕분이다. 이동 중에도 게임이나 뉴스, 웹툰, 동영상 시청 등 콘텐츠를 소비할 수 있게 되었기 때문에 스마트폰이 보급되면서 '기다림'이 많이 줄어들게 되었다. 알고 싶은 것이 있을 때에도 늘 그때그때 검색할 수 있게 되어 정보와 사용자 간의 간극이 극히 줄어들었다.

　이는 '즉시성'이라는 측면에서 생각해 볼 수 있다. 모바일 디바이스는 언제든 사용할 수 있는 상태로 바로 옆에 있기 때문에 PC에 비해 접근 비용이 더 적다. 그러므로 모바일 퍼스트Mobile First는 당연한 현상이다. 모바일 퍼스트 이용자 비중은 2014년 기준 54%까지 상승했다. TV 퍼스트 비중은 33%, PC 퍼스트 비중이 3%임을 감안하면, 모바일의 사용자 시간 점유율은 압도적이다. 다만 2014년부터 모바일 퍼스트 점유율 상승 속도는 낮아지고 있는 추세로, PC - 모바일 간의 대체 현상은 완화되고 있다. 그러나 여전히 N-Screen 현상(Multi-device 내지는 Multi-screen 으로 불리기도 하며, 여러 개의 디바이스를 동시에 사용하는 행태)이 심화되고 있기 때문에 인터넷 서비스 사업자들은 PC - 모바일 연계 전략을 펼치고 있다. 즉, PC에서 제공하는 서비스 중 상당수를 모바일을 통해 우선적으로 대체할 수 있도록 하는 것이다.

　흥미로운 사실은 PC - 모바일 대체 현상이 완화되는 대신, PC-TV 대체 현상은 여전히 진행 중이라는 점이다. 특정 TV 콘텐츠를 통해 충족하던 미디어 이용 욕구를 이종 서비스로 대체하여 소비하는 행태가 계속되고 있다. 예를 들면 게임 전문 채널 시청자들이 유튜브 등에 게시된 게임 리플레이 동영상을 소비한다거나, 요리 프로그램 시청자들이 마찬가지로 동영상 서비스로 정보를 얻는 등의 행위를 생각해 볼 수 있

다. 물론, TV 프로그램의 동영상 다시보기(VOD: Video on Demand) 서비스
소비량도 늘어나고 있다. 문을 닫는 비디오 대여점이 늘어나는 것도 스
마트폰 보급과 무관하지 않다.

'네이버와 모바일' 관점으로 탐색하기

'네이버와 모바일'이라는 관점에서 다양한 탐색 활동을 해봅시다.
2014년 11월 구글은 'The Mobile First World'라는 주제로 대만
에서 기자간담회를 개최하면서, '모바일이 최우선이다Mobile First'에서 '오직
모바일Mobile Only'로 캐치프레이즈를 바꿔야 한다고 할 정도로 모바일의 진
화는 무섭게 진행되고 있습니다. 구글 스스로 'Mobile First'를 외치다가
이내 'Mobile Only'로 초점을 바꾸고 있다는 것을 알 수 있습니다. 그 실험
의 대상지로 동남아, 그중에서도 한국을 지목하고 있습니다. 2015년 봄
구글캠퍼스가 서울에 문을 연 것도 이런 맥락에서 이해할 수 있습니다. 다
소 큰 주제이긴 하지만 '네이버와 모바일'이라는 관점에서 다양한 탐색 활
동을 해 볼 필요가 있습니다.

관련 자료 찾아보기 ❽
한국정보화진흥원, 〈모바일 퍼스트 시대의 창조적 서비스 전략〉

한국정보화진흥원에서 2014년 말 발간한 〈모바일 퍼스트 시대의 창조
적 서비스 전략〉이라는 자료를 참고해볼 만합니다. 모바일 퍼스트 시대의
소비생활 변화상과 창조적 서비스 전략은 무엇인지 체계적으로 보여주고

있는데, 이런 내용들을 네이버에 적용해 볼 수 있는 자신만의 아이디어는 없는지 한번 고민해보시기 바랍니다. 또한 모바일 퍼스트 전략을 잘 활용하여 실적으로 연결시킨 성공적인 사례로 GS홈쇼핑을 들 수 있습니다. 모바일 퍼스트 흐름을 대비하여 고객 세그멘테이션Segmentation 등의 전략을 선제적으로 구사하였다고 합니다. 또한 페이스북이 '포털형 뉴스서비스'를 준비하고 있는 것에 뉴욕타임스가 큰 관심을 갖고 있다는 뉴스도 모바일 퍼스트 시대를 대비하기 위한 전략으로 해석됩니다. 여러 산업에서 다양한 전략이 모색되고 있는 만큼 모바일을 보편화된 단어로만 받아들이지 말고 시장과 산업의 진화이라는 관점에서 접근해보시기 바랍니다.

언론을 점령한 네이버 뉴스의 영향력

모바일 인터넷 환경에서 이용자들의 서비스 소비 행태가 달라지면서 인터넷 서비스의 주도권도 변화하고 있다. PC 인터넷 시절에는 포털 서비스가 모든 우선권을 쥐고 있었다. 기본적으로 포털Portal이라는 용어 자체가 가지는 의미가 다른 서비스를 이용하기 위해 사용자들이 통과하는 관문이라는 뜻이다. 많은 콘텐츠 제공 업체(CP: Contents Provider)들이 포털이 쥐고 있는 지배력에 도전했지만 포털의 아성을 무너뜨리기에는 역부족이었다.

온라인 쇼핑 시장에서 개인 간의 거래(C2C: Customer to Customer) 오픈마켓을 50% 이상 점유하고 있는 이베이 코리아는 2011년 1월 네이버 지식 쇼핑에 제공하던 상품 데이터베이스(DB: Database)를 제공하지 않겠다고 결정했다. 지마켓과 옥션을 가지고 있는 이베이 입장에서는 한국 오픈마켓 시장에서 충분한 영향력을 가지고 있는 상황에서 굳이 당시 NHN이던 네이버에 비싼 입점 수수료(월 1,200만 원, 판매수수료로 매출의 2% 지급)를 낼 필요 없다는 판단이었다. 그러나 3개월이 지난 2011년 4월, 이베이는 다시 네이버에 상품 DB를 노출시키기로 결정했다. 과반수의 사용자들이 특정 오픈마켓 사이트에 바로 접속하여 물건을 검색, 구매하는 대신 네이버 가격 비교 검색 서비스를 이용해 최저가 물건을 구매하기 때문에 매출 하락폭이 생각보다 컸기 때문이다.

뉴스 검색에서도 포털의 지배력이 다시 한 번 드러났다. 2012년부터 2013년 사이 네이버 뉴스가 가지는 영향력에 반발한 언론사들이 네이버 등 포털에 뉴스 공급을 중단하려는 움직임을 보였다. 과거 종이 신문으로 뉴스를 소비하던 행태와는 달리, 대부분의 독자들은 포털에서 뉴스를 읽는 것을 자연스럽게 받아들이고 있어 네이버 첫 페이지에 노출된 언론사 기사의 클릭률이 올라가는 한편, 노출되지 못한 뉴스가 소외될 수밖에 없었기 때문이다. 이로 인해 과거의 주요 언론이 가지고 있던 여론 형성 권력이 자연스럽게 포털로 넘어오게 되었고, 4대 일간지의 뉴스나 인터넷 신문의 뉴스나 모두 동등한 위치에서 소비자의 '클릭'을 받아내기 위해 경쟁하게 되었다. 그러다 보니 너도 나도 자극적인 기사 제목으로 사용자들의 눈길을 끌기 위해 황색 언론의 행태를 취하게 되었다.

특히 인터넷 언론이나 대안 언론들이 네이버 뉴스에서는 기존 정간지와 동등한 위치에 서게 되었기 때문에 조선일보, 중앙일보, 동아일보, 한겨레신문으로 대표되던 4대 일간지의 입지가 많이 줄어들게 되었다. 이로 인해 신문 광고가 많이 줄어들면서 일간지를 발행하는 언론사들이 재정난에 부딪히는 계기가 되기도 했다. 그러나 언론사가 네이버 뉴스에서 철수하는 사태는 일어나지 않았다. 네이버에서 철수하는 언론사의 트래픽이 즉각적으로 줄어들 것이 뻔한 상황에서 고양이 목에 방울 달기를 자청하기란 쉽지 않았기 때문이다. 결론적으로 언론이 네이버에서 철수하는 대신, 네이버 뉴스 스탠드가 개편되면서 이러한 논쟁이 일단락되었다. 시작 화면에서 뉴스를 모아서 독자들에게 보여주던 '뉴스 캐스트' 방식에서 소비자가 직접 언론사를 선택하여 기사를 읽게 하는 '뉴스 스탠드' 방식으로 네이버 뉴스가 개편된 것이다.

결과는 포털의 지배력을 확인시켜 줄 뿐이었다. 이틀 만에 방문자 수는 42.5%, 페이지뷰는 40.0% 감소했다. 이 감소한 사용자는 고스란히 포털 뉴스로 흘러들어가 네이버 뉴스의 페이지뷰는 79.2% 증가했다. 그러나 이는 사용자들이 보다 편리한 뉴스 소비를 위해 언론사보다 네이버를 선택한 것으로 언론사들이 네이버에 제재할 수 있는 영역이 아니다. 포털이 정보 흐름을 거의 독점하다시피 했기 때문에 가능한 일이었다.

모바일 시장 점유를 위한 끊임없는 도전

그러나 PC에서 누렸던 이러한 우월적인 지위가 모바일 환경으로 고스란히 이어지는 것은 아니다. 네이버가 포털로서 가진 독점력은 여전하지만 모바일은 웹보다 앱을 통해 서비스를 이용하는 비중도 높고, 우선적으로 구글 검색엔진이 탑재되어 있어 PC보다 구글 검색 점유율도 높기 때문이다. 텍스트 위주의 콘텐츠가 주로 소비되는 PC와 달리 모바일 디바이스에서 멀티미디어 기능이 강조되고 있는 것도 네이버에는 불리한 일이다. 유튜브나 TV팟 등 동영상 서비스의 점유율이 상대적으로 높아지고 있고, SNS인 페이스북에서도 동영상 재생 기능을 강조하면서 변화에 대처하고 있다.

2013년 4월, 이베이 코리아와 11번가, 인터파크는 이번에는 PC가 아닌 네이버 모바일 지식 쇼핑에 상품 DB 공급을 중단했다. PC와 동일한 요율로 책정된 모바일 판매 수수료에 대한 반발 때문이었다. PC의 경우, 이베이 코리아의 단독적인 행보였고 3개월 만에 다시 상품 DB를 제공하기 시작했지만 모바일에서는 모든 오픈마켓 사업자들이 집단 행동을 했고, 네이버 모바일 지식 쇼핑에 DB 공급을 재개한 시점도 1년 8개월 이후였다. 그리고 사실상 재개한 이유도 소셜 커머스와의 경쟁 때문이었다. 이들 오픈마켓 사업자들이 네이버에서 철수하면서 모바일 쇼핑에서 주춤한 사이 소셜 커머스들이 적극적인 마케팅과 할인 전략으로 모바일 커머스 시장을 선점하였다. 기존 오픈마켓 사업자들이 모바일 쇼핑에서 독자적인 플랫폼을 구축하는 데 성공하지는 못했지만, 모바일 커머스 시장을 점유한 것은 네이버가 아닌 소셜 커머스 사업자들이었다.

네이버가 국내 모바일 메신저 시장에서도 고배를 마신 것은 잘 알려져 있지 않은 사실이다. 2011년 네이버는 네이버톡을 출시했다. 모바일뿐 아니라 데스크톱, 웹에서 모두 사용할 수 있는 서비스라는 점이 강점이었지만 카카오톡이 선점한 모바일 메신저 시장을 탈환하기에는 역부족이었다. 55만 명의 가입자를 모집하기는 했지만 결국 네이버톡은 라인으로 통합되었다. 이후 네이버 재팬에서 라인을 성공적으로 출시하기는 했지만 여전히 국내시장에서 카카오톡의 아성은 견고하다.

이처럼 모바일 환경에서는 웹보다는 앱을 통한 서비스 이용이 더 많기 때문에 이용자들이 구태여 포털 서비스를 통하지 않고서도 필요를 충족할 수 있게 되었다. 따라서 네이버는 PC에서와 달리 새로운 도전에 직면하고 있다. 이를 타개하기 위해 네이버는 밴드나 폴라(PHOLAR, 해시 태그 기반의 사진 공유 서비스), 믹스라디오 등의 서비스를 자체 출시하거나 인수하면서 커뮤니티, 동영상, 음원 스트리밍 등에서 경쟁력을 키워 나가는 중이다. 특히 최근 TV 캐스트 등 동영상 재생 기능을 강화하고 있다는 점 또한 주목해야 한다.

 **'모바일 앱 시장에서 포털의 가치를 계속 유지시킬 수 있는가'라는 관점에서 여러 문제를 생각해봅시다.**

웹에서 앱으로의 채널 시프트가 네이버에는 기회이면서도 큰 도전이 되고 있습니다. 온라인에서 다양한 콘텐츠를 기반으로 거머쥐고 있던 포털의 비교우위가 모바일 앱 환경에서는 그대로 유지되지 않기 때문입니다. 네이버 앱스토어가 바로 그런 것에 대응하려는 전략의 결과물일 것입니다. 하지만 웹에서의 절대 강자인 네이버라 해도 앱에서의 성장 전략은 여전히 만만치 않다고 보여집니다. 아직은 모바일 웹이냐 아니면 앱이냐의 논란은 남아 있는 상황이지만, 앱 시장에서도 포털의 가치를 네이버가 지속시킬 수 있는 방법과 전략에 대해 당연히 관심을 가져야 할 주제입니다.

관련 자료 찾아보기 ⑨
한국콘텐츠진흥원(KOCCA),
〈모바일 애플리케이션 비즈니스 현황과 전망〉 

2015년 4월 알리바바가 전자상거래 무게중심을 PC에서 모바일로 옮기고, 온라인 상인을 모바일 친화적으로 바꾸겠다는 전략을 발표했습니다. 이처럼 글로벌 플레이어들의 모바일 앱 비즈니스 전환에 대한 흐름을 잘 체크해두시기 바랍니다. 한국콘텐츠진흥원KOCCA에서 2012년 발간한 〈모바일 애플리케이션 비즈니스 현황과 전망〉 자료를 통해 모바일 시장 현황, 비즈니스 모델, 향후 모바일 앱 시장 전망 등의 내용을 공부해 볼 수 있습니다. 또한 개인도메인 'mobizen.pe.kr'에 들어가 보면 모바일 시장, 모바일 게임, 관련 기고문 등 전문가의 시각을 참고할 수 있습니다.

04

글로벌 시장 제패를 꾀하는
후발주자, 라인

국내를 넘어 세계로, 글로벌 도전자 라인

앞서 언급한 것처럼 구글의 전 세계 검색시장 점유율은 80% 정도로 추산된다. 구글 이외 자국 검색엔진을 보유한 국가는 중국과 우리나라 정도로, 바이두와 네이버만이 독자적인 검색엔진을 채택하고 있다. 서구권 국가들은 대부분 구글을 사용하고 있고, 일본은 야후재팬의 점유율이 압도적이다. 네이버 사업이 가지는 특성상, 국내의 통합 검색은 자체 데이터베이스의 양과 질에 의해 결정되기 마련이다. 네이버의 블로그와 카페, 지식in 서비스 등은 네이버의 독점적인 자산으로서 검색의 질에 절대적인 영향력을 행사하고 있다. 이는 시간이 지날수록 점점 더 고착화되기 때문에 우리나라에서 네이버의 아성을 위협할 수 있는 검색 서비스가 나오기는 거의 불가능하다. 네이버의 독과점에 대한 견제가 불거진 것도 이러한 지배력을 의식했기 때문이다.

라인의 상황은 이와 전혀 다르다. 라인의 월 사용자 수는 2억 5백만 명을 돌파했지만 글로벌 경쟁자인 페이스북(전체 월 사용자 14억 4천만 명, 모바일 월 사용자 12억 5천만 명), 왓츠앱(7억 명), 페이스북 메신저(6억 명), 위챗(5억 명) 등에 비하면 아직 규모 면에서 작은 편이다. 게다가 사용자의 60%가 아시아권 국가(일본, 대만, 태국, 인도네시아)에 집중되어 있어 미주나 유럽 등 서구권에서는 후발주자로서 경쟁하는 상황이다. 라인의 선전을 위해 네이버는 적극적으로 인력을 확충하고 한 해 2,500억 원의 마케팅 예산을 수립하여 집행하고 있다. 마케팅은 TV 브랜드 광고부터 시작하여 팝업 스토어 오픈, 라인 캐릭터를 활용한 드라마 제작 등 보다 넓은 지역에서 여러 경로를 통해 이루어지고 있다.

Fig 12

글로벌 SNS·모바일 메신저 월 사용자 수 – 글로벌 거대 경쟁 서비스에 비하면 라인은 아직 확산 초기

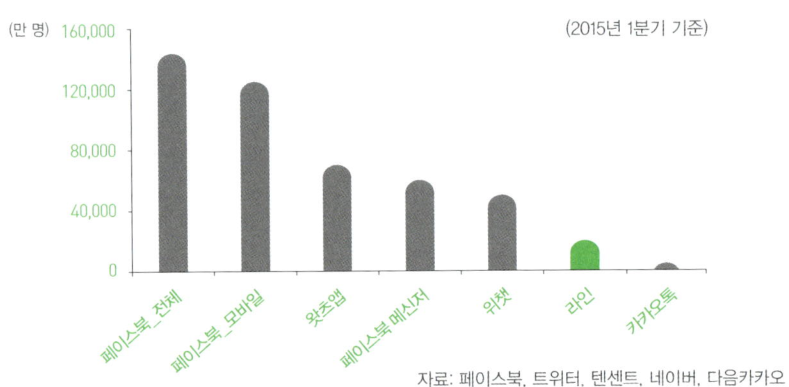

자료: 페이스북, 트위터, 텐센트, 네이버, 다음카카오

 **글로벌 모바일 메신저 시장 현황을 정확하게 이해합시다.**
라인을 제대로 이해하기 위해서는 글로벌 모바일 메신저 시장에 대한 현황부터 챙겨보시기 바랍니다. 왓츠앱이나 위챗과 영토 확장 전략이 어떻게 다른지, 그리고 국내 증권가를 중심으로 급속하게 보급되고 있는 텔레그램과는 어떤 경쟁 관계가 만들어질 수 있는지 등의 관점에서 말입니다.

관련 자료 찾아보기 ⑩
정보통신정책연구원,
〈글로벌 모바일 메신저 서비스 경쟁 전략 및 전망〉 

정보통신정책연구원에서 2013년 발간한 〈글로벌 모바일 메신저 서비스 경쟁 전략 및 전망〉 자료가 모바일 메신저 시장에 대해 잘 정리하고 있으므로 꼭 챙겨서 읽어보시기 바랍니다.

일본을 넘어 세계시장을 노리는 라인의 전략

지난 해까지 라인은 북미 시장에 진입하기 위해 노력해 왔다. 페이스북의 사례에서도 볼 수 있듯이, 북미 시장은 광고가 매우 활성화되어 있다. 이는 사용자 일인당 매출 전환율이 높기 때문이다. 그러나 2014년 중·북미 시장에서 확고하게 자리 잡고 있는 페이스북이 메신저 어플리케이션을 분리하고, 왓츠앱을 인수하면서 북미 시장 내에서 경쟁이 더욱 심화되었다. 이에 따라 북미 시장 진입이 당초 예상보다 더 어려운 일이 되었고, 라인의 전략도 변화할 수밖에 없어졌다. 2015년부터 라인은 다수의 가입자를 확보한 국가를 중심으로 사용률을 높이고, 해당 국가의 사용자들로부터 매출을 발생시키는 데 역량을 보다 집중하고 있다.

라인 매출의 70% 이상은 일본에서 발생하고 있다. 라인주식회사의 기반이 일본에서 시작되었고, 일본 모바일 게임시장 점유율이 전 세계의 34.2%(2위 우리나라 11.6%, 3위 중국 8.8%, 4위 미국 8.3%, 5위 영국 5.7%)로 압도적인 1위를 차지하고 있기 때문에 일본 매출 비중은 높을 수밖에 없다. 일본 스마트폰 사용자의 80%가 라인을 사용하고 있는 만큼 일본 내에서 라인의 입지는 탄탄하다. 그러나 한 국가에 매출이 편중되었다는 사실이 라인의 사업적인 리스크로 지적되어 왔다. 일본 내 매출액이 꾸준히 증가하고 있고, 사업 영역도 광고(라인 공식 계정, 라인앳(LINE@), 프리코인 등)와 모바일 게임, 스티커(이모티콘) 매출에서 만화(라인 망가), 음악(라인뮤직), 쇼핑(라인 쇼핑, 라인 딜), 택시(라인 택시), 배달(라인 와우) 등으로 확장하고는 있지만 매출 저변 확대에 대한 필요성을 부정할 수는 없다. 이에 따라 라인이 확고한 점유율을 보유한 대만과 인도네시아에서도 수익화가 2014년 연말부터 진행되고 있다.

대만에서의 성공을 해외 마케팅에 활용하는 전략에 대해서 생각해봅시다.

라인은 수익성 향상을 위해 페이스북이 선점하고 있는 미국보다는 대만과 인도네시아를 타깃 마켓으로 삼고 있는 상황입니다. 이미 대만에서는 2013년 국민 메신저로 등극했을 정도로 성공적인 시장 진입이 이뤄진 상태입니다. 성공 요인으로 다양한 캐릭터를 스토리화 한 것, 대만의 여신으로 불리우는 계룬미를 모델로 발탁하는 등 대만인들의 정서에도 잘 부합한 것으로 평가 받고 있습니다. 게임과 캐릭터에 강점을 지닌 네이버가 다른 나라에서 성공하려면 어떤 전략을 구사하는게 좋을지에 대해 생각해 보면 좋겠습니다.

수익 증대를 위한 라인의 콘텐츠 강화

수익화의 단초는 게임에서부터 시작되었다. 처음 라인은 주로 국내 게임사의 모바일 게임을 수급하여 퍼블리싱했다. 한국 게임사들은 이미 카카오톡 게임 센터에 다수의 게임을 개발, 공급한 경험이 많아 메신저 플랫폼에 적합한 게임을 다수 보유하고 있었고, NHN 시절에 게임 퍼블리싱 사업을 하면서 게임사들과 관계도 잘 형성되어 있었기 때문이다. 라인은 라인팝, 라인 레인저스, 라인 디즈니 츠무츠무 등의 히트 게임을 성공적으로 글로벌 퍼블리싱한 경험을 쌓아갔다. 해외 게임사들도 모바일 게임 제작에 익숙해지고, 특히 일본 게임사들은 메신저향[向] 게임을 제작한 경험을 확보했다. 이에 따라 라인은 일본 9위의 IT기업인 사이버 에이전트, 그리고 일본 최대 모바일 네이티브 앱 개발사인 그리GREE와 합작 법인을 각각 설립하여 서비스를 시작할 계획이다. 그리와 함께 설립하게 될 합작 법인은 에픽 보야지Epic Voyage로, 라인 전용 게임을 출시할 것으로 전망된다. 그리고 G3펀드LINE Game Global Gateway를 통해 중소 게임사에 투자하면서 창작 활동을 지원하고 콘텐츠를 확보한다. 첫 투자 대상은 미국 앱스토어에서 1위를 차지하고 300만 다운로드를 달성한 게임, 브레인 워즈Brain Wars를 개발한 회사 트랜스리밋Translimit이다.

음악서비스로는 세계 4대 메이저 음반회사인 소니뮤직과 일본 정상의 매니지먼트, 음반회사인 AVEX, 유니버설뮤직과 합작하여 라인뮤직을 설립했다. 라인뮤직은 2015년 6월 11일에 서비스를 출시하면서 8월 9일까지는 무료 프로모션 기간이지만 이후에는 정액 과금을 실시한다. 라인뮤직 상품은 월 요금 500엔(20시간/30일)과 1,000엔(무제한/30일) 두 가지이다. 라인뮤직은 2015년 7월 말 기준으로 660만 다운로드, 누적 음악 재생 건수 7억 8,000만 건으로 스트리밍 시장이 채 형성되지 못한 일본에서 선도적인 역할을 하고 있다. 2014년 기준 일본의 온·오프라인 음원매출(공연 수입 제외) 중 스트리밍 음악매출 비중은 2.6%로 우리나라의 20%에 비하면 매우 낮은 수준이므로, 향후 성장이 기대된다.

일본에서 가장 대중적 콘텐츠인 만화도 라인의 영역으로 들어왔다.

지금은 120개 레이블을 서비스하고 있다. 메신저를 통한 무료 만화 연재 서비스가 큰 호응을 얻으면서 1,100만 다운로드를 달성했고 월 이용자 수는 50%, 유료 판매를 하고 있는 타이틀 매출은 10000% 증가했다. 일간 이용자 수(DAU: Daily Active Users)도 750만 명에 이른다. 이러한 성과를 바탕으로 라인은 일본 최대의 만화 출판사인 고단샤講談社와 소카쿠칸小学館의 자본업무 제휴를 통해 '라인 북 디스트리뷰션'이라는 합작 회사를 설립할 계획이다. 물론 일차적으로는 일본이 목표 시장이지만, 영어권과 대만부터 만화 서비스를 시작할 예정이다.

이러한 콘텐츠 사업은 라인의 커뮤니케이션 기능과 유기적으로 연결되어 진행된다. 실시간으로 동영상을 제공해주는 라인 캐스트, 라인 스티커, 아바타를 판매하는 라인 플레이, 음악·게임 아이템을 판매하는 라인 스테이지, 라인 오디션 등의 서비스와 콘텐츠가 결합된다면 큰 시너지 효과를 기대해 볼 수 있다. 또한 유료 이용자들에게 한정적으로 정보를 제공해주는 프리미엄 계정이나 라인 블로그 등을 병행한다면 오프라인에서 소비되던 아티스트 밸류 체인이 모바일로 쉽사리 이전되어 올 수 있게 된다.

라인이 콘텐츠 서비스를 강화하려는 움직임은 물론 수익원을 다변화하기 위해서지만, 보다 궁극적으로는 사용자들의 충성도를 강화하고 엔터테인먼트 플랫폼으로서 자리 잡기 위해서이다. 앞으로 라인이 중심 국가로 자리 잡은 4개국(일본, 태국, 대만, 인도네시아)에서 콘텐츠 사업이 더 강화될 전망이다.

 **라인의 콘텐츠 전략에 대해 이해해봅시다.**

라인이 수익성 전략을 추구하는 데 있어 핵심은 콘텐츠의 강화에 있다는 사실을 알 수 있습니다. 각각의 사업 전략을 구체적으로 어떻게 구사하고 있는지 본문의 내용을 참고해서 윤곽을 잡고 계시기 바랍니다. 라인은 네이버의 미래 성장 동력인 만큼 라인의 비즈니스 모델에 대한 뚜렷한 이해가 요구되기 때문입니다.

관련 자료 찾아보기 ⑪
검색 키워드, '카카오톡, 위챗의 서비스' 

라인과 경쟁 구도에 있는 메신저 회사들이 다수 존재하고 있는 만큼 이들과의 경쟁 전략을 비교한 자료들을 많이 찾아보시기 바랍니다. 예를 들면 카카오톡과의 서비스 비교라든지 혹은 콜택시, 결제, 배달 등의 비즈니스에 진출하는 것이 위챗의 그것과는 어떤 유사점과 차이점이 있는지 등의 관점에서 말입니다.

05

네이버의
지속 성장 비결

최첨단 기술의 도입으로 사업 확장

2014년부터 2015년 상반기에 산업계와 학계를 뜨겁게 달구었던 신기술이나 트렌드를 회상해 보자. 클라우드와 빅데이터, 사물인터넷, 드론과 무인자동차, 핀테크, O2O^{Online to Offline} 등의 단어들을 떠올릴 수 있을 것이다.

인터넷산업은 이 모든 키워드와 연관되어 있다. 당장 네이버가 운영하고 있는 N드라이브 서비스가 클라우드이며 페이스북은 공공연히 빅데이터를 이용한 타깃마케팅^{Target Marketing}을 광고에 이용하고 있으며 아마존은 사물인터넷과 드론, 구글은 무인자동차 사업 진출을 선언했다. 이베이로부터 분사한 페이팔이나 알리바바가 선도하고 있는 핀테크산업을 국내에서도 활성화시키려고 하고 있는데, 정부는 제

2금융권과 ICT 기업에게 우선적으로 인터넷전문은행 허가를 내 줄 계획이다. 다음카카오는 핀테크산업에 적극적으로 진출하겠다는 의사를 밝힌 반면, 네이버는 인터넷전문은행에 진출할 의지를 보이고 있지 않은 상황이다. 다만 이들 기업은 이미 네이버페이, 라인페이, 카카오페이, 뱅크월렛카카오 등 결제 서비스를 통해 핀테크에 진입하였다. O2O 또한 결제 서비스와 플랫폼에 연계되어 있는 서비스로 우리나라에서는 네이버와 다음카카오의 다음 사업 영역이다.

이처럼 인터넷산업은 향후 최첨단 기술의 첨병으로 신기술을 통해 시장을 개척하는 한편, 사업 영역을 넓힐 전망이다. 그렇게 할 수 있는 이유는 인터넷산업은 사람과 사람, 사람과 사물, 사물과 사물을 이어줄 수 있는 기술과 플랫폼을 모두 보유하고 있기 때문이다. 플랫폼이란 간단히, 모든 서비스가 만나는 지점이라고 생각할 수 있다. 그러므로 포털과 SNS, 모바일 메신저를 중심으로 발전하고 있는 인터넷산업의 확장성은 더욱 증대될 것으로 예상된다.

핀테크 사업의 진행 구조 예측하기

네이버가 핀테크 사업을 하면 어떤 구조로 진행될지 예측해봅시다. 네이버는 향후 새로운 수익원 개념으로 핀테크에 접근할 가능성이 충분히 있습니다. 아직 국내에서는 핀테크산업이 활성화 전단계에 있는 상황이지만, 네이버가 금융 비즈니스의 영역에 발을 내딛는 모습이 전혀 어색하지 않을 수도 있습니다. 네이버가 핀테크 사업을 시작하게 된다면 어떤 구조로 진행될 것인지 미리 탐색해보시기 바랍니다.

이 주제와 관련하여 온라인 뉴스매체 블로터(www.bloter.net)가 네이버의 임원과 인터뷰한 내용을 참고해 볼 만합니다. '네이버 핀테크'로 검색해 보면 쉽게 확인할 수 있는데요. 아직은 네이버페이를 본격적인 핀테크 비즈니스보다는 소상공인을 위한 통합 쇼핑 플랫폼으로 인식하고 있음을 확인할 수 있습니다. 아직은 조심스럽게 접근하고 있다는 의미일 텐데요. 이외에도 네이버 서비스 전략 담당자의 다양한 시각과 진단을 엿볼 수 있어 유용한 자료라고 하겠습니다.

인터넷산업이 직면한 세 가지 리스크

인터넷산업은 미래를 담보하고 있기 때문에 앞으로 세 가지 리스크에 노출된 것으로 예상된다.

첫째, 경쟁이 더욱 치열해질 전망이다. 포털이나 메신저 등 일상적으로 쓰는 서비스들은 선점 효과가 높기 때문에 비교적 경쟁의 우려가 적다. 그러나 점점 모든 서비스와 기술들이 통합되면서 경쟁의 범위는 더 이상 인터넷 기업으로 한정되지 않는다. 향후 경쟁의 양상은

'누가 검색을 제패할 것인가', '어떤 메신저가 사람들의 선택을 받을 것인가'가 아니라 '어떤 서비스가 이용자들의 시간을 점유할 것인가'로 흘러갈 것이다. 그렇기 때문에 SNS와 동영상, 게임 등이 모두 이용자의 시간 점유를 두고 경쟁하게 되므로 경쟁의 깊이와 넓이가 모두 격화될 전망이다. 기존의 기업이나 서비스뿐 아니라 신규 서비스를 들고 나오는 스타트업과도 경쟁해야 한다. 이는 포털이나 메신저도 예외가 아니다. 특히 메신저의 경우에는 모바일에서 게임이나 음악, 동영상, SNS 등 다른 서비스를 이용하는 관문(포털)의 역할을 수행할 수 있기 때문에 시장 선점을 두고 치열한 경쟁이 예상된다.

둘째, 경쟁이 치열해지기 때문에 참여하고 있는 기업들의 수익성 저하 우려가 있다. 신규 서비스를 계속해서 내놓아야 하기 때문에 개발 인력을 충원해야 하고 마케팅 비용도 증가하기 때문이다. 인터넷 기

네이버의 매출액과 영업이익률 추이 – 매출이 매년 두 자리수 성장하지만 비용의 증가 속도가 더 빨라 수익성 저하

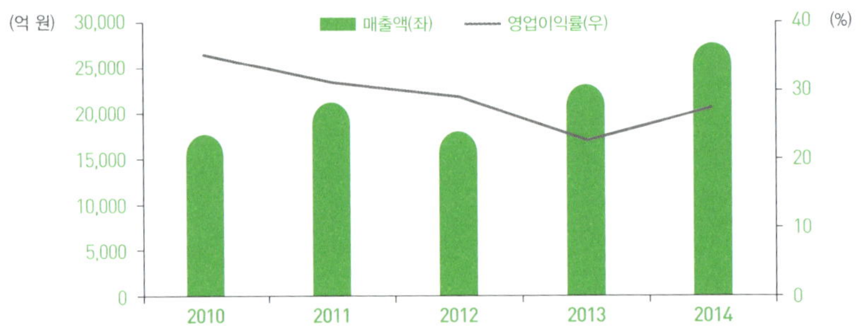

주: 2012년에 NHN에서 네이버(존속기업)와 NHN엔터테인먼트(분할기업)로 분할되면서 일시적으로 매출 감소

자료: 네이버

네이버의 인건비와 광고비 지출 – 경쟁 심화의 결과로 마케팅과 인력 관련 비용 지출 급증

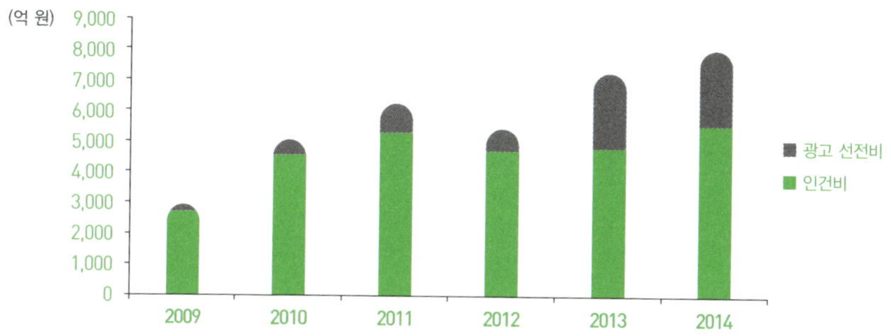

주: 2012년에 NHN에서 네이버(존속기업)와 NHN엔터테인먼트(분할기업)로 분할되면서 일시적으로 비용 감소

자료: 네이버

업은 신규 서비스를 출시한 후 가입자가 폭발적으로 늘어나는 시기에 가장 수익성이 낮으며 서비스가 안정되면서 매출과 이익이 급증하는 구조를 보인다. 일반적인 벤처 기업이나 카카오톡의 사례를 생각해보아도 쉽게 이해할 수 있을 것이다. 그러나 경쟁이 격화되면서 신규 서비스 출시 및 마케팅에 대한 필요성이 더 높아지고 있어 당분간 산업 참가 기업들의 비용이 증가하는 구조가 지속될 전망이다.

셋째, 인터넷산업의 일상생활 관여율이 높아지면서 정부의 관리와 감독이 강화될 가능성이 높다. 과거에는 MSN이나 네이트온, 최근에는 카카오톡이나 라인 계정을 도용하여 지인을 사칭하는 사기 사건이 사회 문제로 대두되었다. KT나 농협 등 금융기관의 개인 정보가 유출되면서 개인 정보 관리 규제도 한층 강화되었다. 여기에 최근 논의되고 있는 인터넷 전문 은행 등 핀테크가 활성화되면 금융 관련 규제도 적용될 것으로 예상된다. 모바일 환경에서 인터넷 기업의 영향력이 계속해서 증가하기 때문에, 앞으로 인터넷 기업들은 과거 네이버가 검색시장을 70% 점유하면서 공정거래위원회의 독과점 규제 영향을 받은 것 이상으로 정부의 규제 영향을 받게 될 것이다.

경쟁 환경에서 네이버 비즈니스 승리 방정식에 대해 생각해봅시다. 인터넷산업의 미래가 밝은 만큼 경쟁도 점점 치열해지고 있습니다. 거기에다 정부의 관리 감독이 강화되는 추세입니다. 이런 산업 환경 속에서 지속적인 가치를 창출하려면 네이버가 어떤 기업으로 거듭나야 하는지 또 네이버 비즈니스의 본질은 무엇이어야 할까 등과 같은 질문을 되도록 많이 던져보시기 바랍니다.

관련 자료 찾아보기 ⑬
검색 키워드, 'O2O 중심 업체와의 대결 구도'

경쟁의 핵심 요소가 변화하면서 네이버의 경쟁 상대는 포털, 메신저뿐만 아니라 소비자의 시간을 빼앗아 갈 수 있는 각종 스타트업 기업들까지도 염두에 두어야 하는 시장 상황입니다. 특히 O2O를 중심으로 부동산, 웨딩, 배달 등 여러 영역에서 기존 업체와 스타트업 간 대결 구도가 나타나고 있는 만큼 이런 분야에서의 경쟁이 네이버에는 어떤 교훈과 시사점을 주는지 관련 자료들을 잘 찾아보시기 바랍니다.

NAVER

NAVER

시장:
인터넷을 넘어 모바일로, 도약하는 No.1 검색 포털

대부분의 인터넷 기업처럼 네이버 역시 가장 큰 수익원은 광고입니다. 우선 인터넷 광고 시장의 트렌드와 수익구조를 살펴봅시다. 특히 PC에서 모바일로 옮겨가는 디지털 광고 시장의 특성들을 잘 파악해 둡시다. 시장에서 네이버의 핵심 경쟁력은 '통합 검색'입니다. 국내에서 구글마저 이긴 통합 검색의 특성과 라인으로 강화하고 있는 글로벌 시장 전략도 함께 살펴봅니다.

01

인터넷 광고 시장
트렌드

스마트 시대의 도래와 모바일 광고의 성장

인터넷 기업의 수익원은 최근 다각화되는 양상을 보이기는 하지만, 대부분 광고에서 비롯된다. 전 세계 광고 시장은 2015년 기준 5,742억 달러 규모로 전망된다. 전년 대비 5.3% 성장한 수준이다. 뉴미디어가 발달하면서 공중파 텔레비전과 신문, 잡지 등 인쇄 매체 광고비는 지속적으로 줄어들고 있지만 디지털(PC+모바일 인터넷 광고)과 케이블TV, IPTV 등 뉴미디어의 발전으로 성장을 지속하고 있다.

올해 전 세계 디지털 광고 시장은 1,602억 달러 규모로 추정되는데 전년 대비 14.3% 성장할 것으로 예상된다. 이 중 모바일 인터넷 광고 시장은 687억 달러이다. 전년 대비 61.1% 성장할 전망이다. 모바일 광고를 제외한 디지털 광고 시장을 보면 오히려 전년 대비 6.2% 역성장

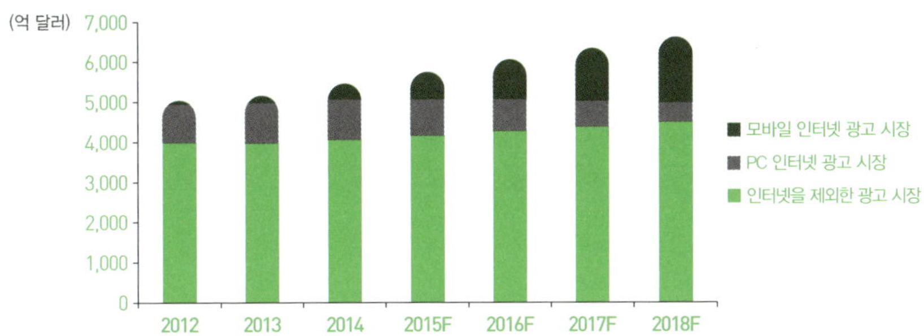

주1: 인터넷을 제외한 광고시장 – TV, 인쇄매체(신문, 잡지), 라디오, 옥외 광고, 전화번호부 합산
주2: F는 Forward의 약자로 미래 추정치를 의미
자료: eMarketer

할 것으로 전망된다. 이러한 현상은 이미 2014년에 실제로 나타났다. 2014년 모바일 인터넷 광고 시장은 122.1% 성장한 반면, PC 인터넷 광고 시장은 3.3% 줄어들었다. 모바일 인터넷 광고가 전체 디지털 광고에서 차지하는 비중은 2014년에는 29.4%였지만, 올해는 40.2%, 2016년에는 51.1%로 과반수를 차지할 것으로 예상된다.

우리나라 인터넷 광고 시장도 이러한 흐름과 맥을 같이한다. 기존 4대 매체인 TV, 라디오, 신문, 잡지가 광고 플랫폼으로서 가졌던 영향력이 급격히 줄어들면서 인터넷 미디어들의 영향력이 계속해서 증대되고 있다. 모바일 인터넷 사용량이 급증하면서 광고의 축이 모바일 인터넷 업체로 옮겨가는 것은 자연스러운 현상이다. 기존 미디어들은 독점적인 성격을 가지고 있었다. 식사 시간과 같은 일부 경우를 제외하고는 다른 행동이나 미디어와 병행하기 힘들었기 때문이다. 10년 전만 해도 TV가 되었건 신문이 되었건 미디어를 소비하면서 다른 미디어를 같이 이용하기는 힘들었다. 그러나 모바일 인터넷 시대가 본격적으로 개막하면서 소비자가 복수의 디바이스를 이용하는 N-Screen 현상은 매우 자연스럽게 되었다. 텔레비전을 보면서 뉴스를 검색하거나 PC를 이용해 동영상을 보면서 친구와 모바일 메신저로 채팅을 하는 일이 전혀 낯설지 않게 된 것이다. 게다가 서로 배타적인 성격을 가진 기존 매체와는 달리 모바일 디바이스는 기존 미디어들이 하던 역할을 모두 포용하기 때문에 모바일 디바이스가 사용자의 시간을 점유하는 비중이 늘어나는 것은 자연스러운 일이다.

국내 광고 시장 전망 – 둔화되는 PC 인터넷 광고를 모바일이 보완

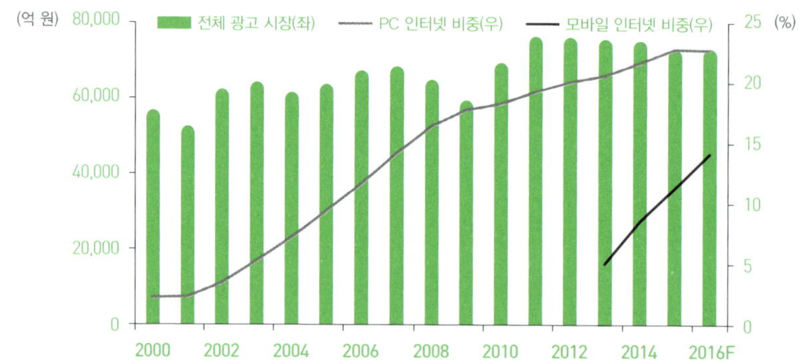

자료: 제일기획, 온라인광고협회

급속하게 변화하는 광고 시장의 패러다임을 이해해봅시다.

2015년 전 세계 광고 시장(수익 기준)은 약 5,700억 달러로 전망되는 가운데 디지털 광고는 1,600억 달러로 예상됨에 따라 약 28%의 비중을 차지하고 있습니다. 특히 영국, 호주, 독일, 캐나다, 중국, 네덜란드 등 14개국에서는 2014년 기준으로 디지털 미디어가 No.1 미디어 카테고리로 올라섰다고 합니다. 이런 추세라면 2019년쯤 디지털 광고 수익이 TV 광고 수익을 추월할 것으로 전문가들은 예상하고 있습니다. 현재 급속하게 변화하고 있는 광고 시장의 패러다임에 대해 윤곽을 잘 그리고 있어야 할 것 같습니다.

관련 자료 찾아보기 ⑭
정보통신정책연구원, 〈모바일 광고 시장의 현황 분석 및 전망〉

‘글로벌 광고 시장’이라는 키워드로 검색해 보면 슬라이드 쉐어(slideshare.com)에 올라온 〈2015년 글로벌 광고 시장 트렌드(MezzoMedia 작성)〉란 자료가 있는데, 디지털 시장의 주요 키워드를 ‘반응, 모바일 검색, 자동화, 사물인터넷 대두’ 등 4가지로 적시하고 최신 이슈를 진단하고 있습니다. 그리고 정보통신정책연구원에서 2015년 발간한 〈모바일 광고 시장의 현황 분석 및 전망〉 자료도 주요 인터넷 사업자들의 모바일 광고 현황을 파악하는 데 유용할 것 같습니다.

인터넷 광고 시장 헤게모니의 변화

이렇듯 소비자 행태가 바뀌는 상황에서는 광고 플랫폼 간의 헤게모니도 변화된다. 기본적으로 모바일 인터넷이 완전히 새로운 채널이 아니기 때문에 기존 인터넷 기업들이 우위에 서 있지만, 포털이나 SNS에 집중되었던 지배력이 흩어지는 현상이 목도되고 있다. 검색 광고 측면에서는 포털이 기존의 영향력을 대부분 그대로 가져갈 것이라 예상된다. 상품 데이터베이스를 가장 많이 확보하고 있을 뿐 아니라 광고주 수도 이미 많이 확보하고 있기 때문이다. 그러나 디스플레이 광고는 다른 양상으로 전개될 것으로 예상된다. 인터넷에서는 사용자들의 동선이 포털을 중심으로 이루어져 있지만, 모바일에서는 앱을 통해 바로 접속하기도 하고, 메신저 등 다른 경로를 이용하여 서비스를 이용하는 경우가 많기 때문이다. 또한, PC에 비해서 동영상이나 게임 등 엔터테인

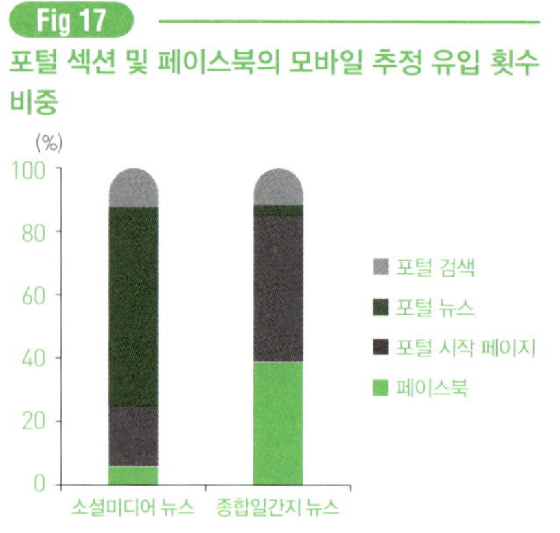

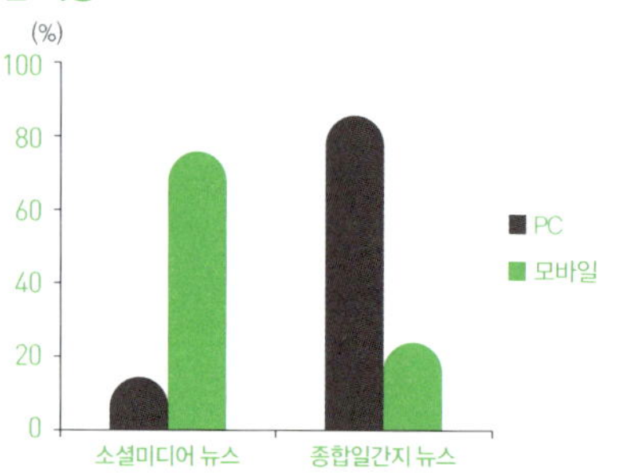

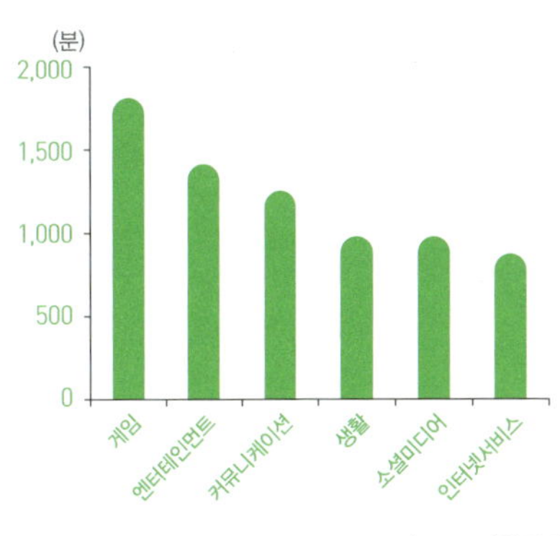

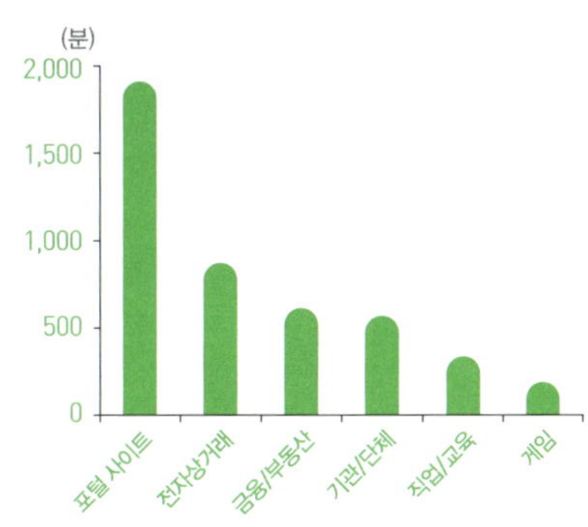

먼트 콘텐츠 사용량이 많다는 점도 포털에는 불리한 점이다.

과거에는 인터넷 광고 시장의 대부분을 포털이 차지하고 있었는데, 모바일 인터넷으로 오면서 앱 디스플레이 광고의 비중도 늘고, 동영상 광고 등 새로운 광고가 도입되면서 포털이 인터넷 광고 시장에서 차지하는 비중이 줄어들고 있다. 그러므로 과거에는 포털들끼리의 경쟁이었다면 이제는 사용자의 시간을 점유하고 있는 모든 서비스들이 경쟁 상대로 부각되고 있다. 예를 들어 미국에서는 페이스북의 광고 점유율이 급상승하고 있는데, 재미있는 점은 페이스북이 유튜브가 절대적인 점유율을 갖고 있었던 동영상 광고 영역까지 잠식하고 있다는 사실이다. 페이스북이 타임라인에 동영상을 싣기 시작하면서 페이스북의 동영상 재생 숫자가 유튜브를 앞서는 등 영향력을 확대하고 있기 때문이다.

현재로서 글로벌 인터넷 광고 시장의 최강자는 여전히 구글이지만, 페이스북이 빠르게 성장하고 있다. 그리고 그 밖에는 야후나 마이크

과거 동영상 광고 집행 또는 2015년에 실행하고자 하는 플랫폼 비율(광고주 설문 조사) – 페이스북이 모바일 동영상 광고의 주요 플랫폼으로 부상

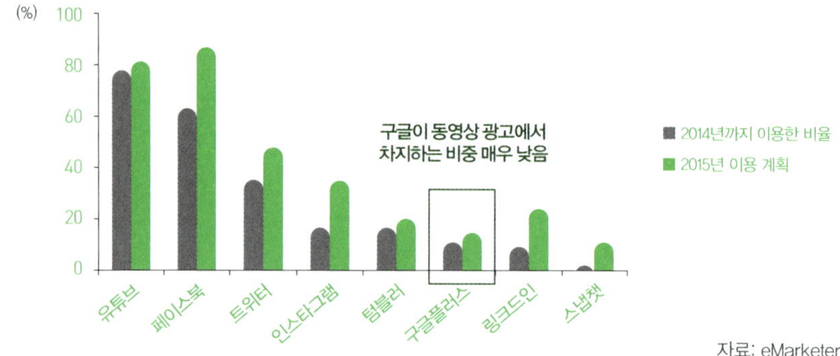

로소프트가 큰 광고 플랫폼이다. 구글의 점유율이 높은 것은 전 세계 검색 점유율을 생각해 보면 당연한 일이지만, 미국에서 매우 강력한 포털 사이트인 야후가 페이스북에 비해 점유율이 한참 낮다는 것을 감안해 보면 이미 헤게모니는 전환되었다고 볼 수 있다.

회사별 미국 인터넷 광고 시장 점유율 – 페이스북의 인터넷 광고 점유율 급상승

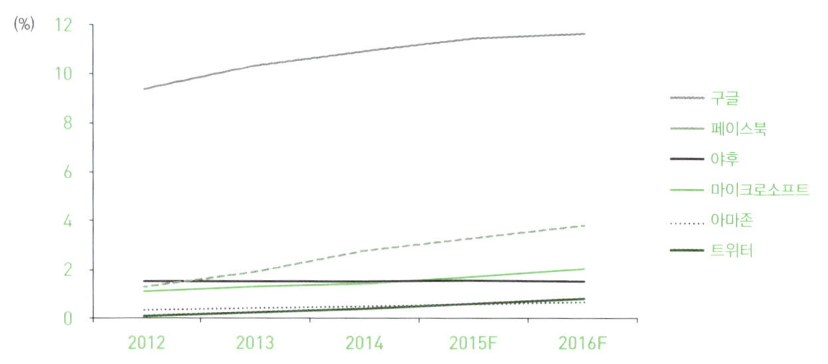

페이스북의 성장에 따른 보완점 생각하기

플랫폼에 소비자가 더 오래 머무르게 하려면 네이버에 어떤 노력이 더 필요할지 생각해봅시다.

페이스북의 가치가 광고 수익의 성장에서 정당성을 찾고 있다는 점은 네이버에 많은 시사점을 주고 있습니다. 이는 소비자들이 머무는 시간과 비례하기 때문일 텐데요, 결국 앞으로의 싸움은 소비자가 자신의 플랫폼에 얼마나 오래 머물게 하고 자주 이용하도록 할 것이냐가 관건이 될 전망입니다. 이런 관점에서 앞으로 네이버가 어떤 역량을 더 개발하고 보완해야 할지에 대해서도 생각해보시기 바랍니다.

관련 자료 찾아보기 ⑮
SAP의 홈페이지 'Understanding the Mobile Consumer'

모바일 광고 시장에 대한 이해도를 높이기 위해서는 '모바일 소비자'는 어떤 존재인지 살펴볼 필요가 있습니다. 세계적인 비즈니스 솔루션 기업인 SAP의 홈페이지(go.sap.com)의 SAP News Center 코너에는 이와 관련된 칼럼들이 많은데, 한 예로 'Understanding the Mobile Consumer'라는 제목의 칼럼을 보면 모바일 마케팅을 위해서는 국가별로 소비자들의 모바일 기기 활용 방식에 대한 이해가 선행되어야 한다는 점을 강조하고 있습니다. 문화, 경제, 기술 등의 요인이 쇼핑, 지출, 서핑 방식에 다양한 영향을 준다는 것입니다. 또한 시장이 성숙해질수록 정교한 기술보다는 탁월한 서비스에 더 큰 영향을 받는다고 지적합니다. 이런 부분만 보더라도 모바일 광고 비즈니스는 IT 뿐만 아니라 인간과 사회를 이해하는 문화인류학적·심리학적·사회학적·미학적 소양도 많이 요구됨을 알 수 있습니다.

PC와 모바일 통합 디스플레이 광고에서 포털이 차지하는 비중은 점점 축소

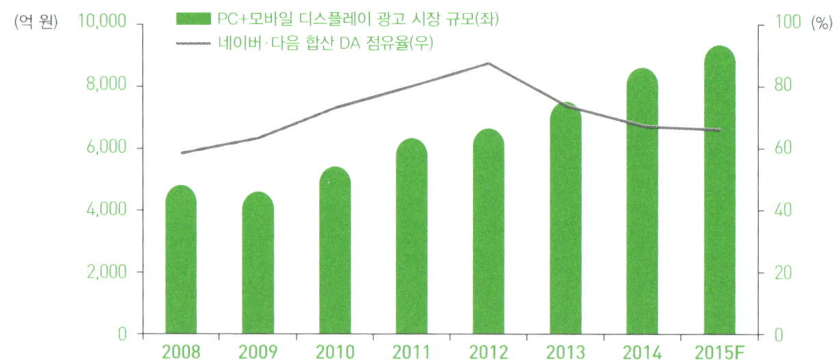

자료: 온라인광고협회, 네이버, 다음카카오, IBK투자증권

PC와 모바일 플랫폼에서 네이버의 광고 점유율 하락 현상

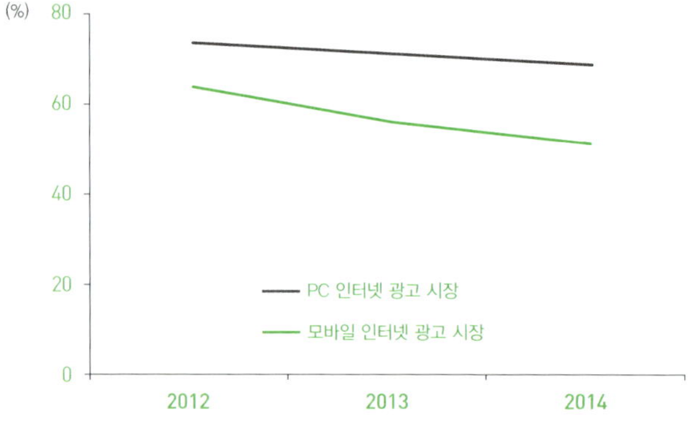

자료: 온라인광고협회, FSN, 네이버

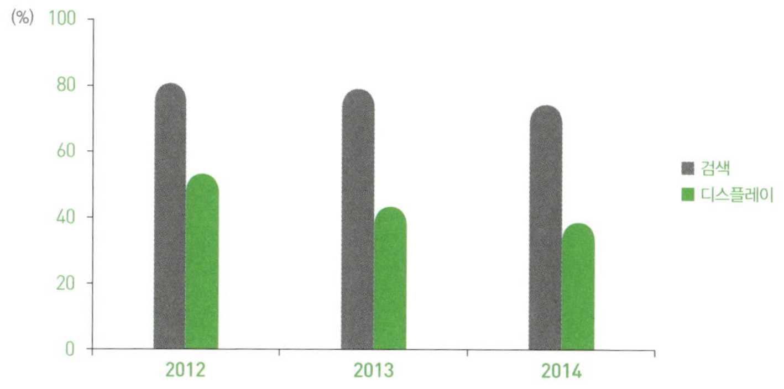

미래의 성패를 쥔 모바일 광고 시장

인터넷 서비스는 지역별로 진입 장벽이 낮은 것 같지만, 일단 어떤 서비스가 시장을 선점하고 나면 뒤집기는 쉽지 않다. 때문에 국내 인터넷 광고 시장은 글로벌 시장과 달리 구글의 점유율이 매우 낮다. 대신 네이버가 구글의 자리를 차지하고 있는데, 모바일 디스플레이 광고 점유율 하락폭이 비교적 크기 때문에 모바일 광고 비중이 높아질수록 네이버의 시장 점유율이 하락할 것으로 우려된다. 그리고 그것이 네이버가 라인이나 밴드 등 모바일에 특화된 커뮤니케이션 앱에 힘을 쏟는 이유이다.

02

네이버의 시장 장악력을 키운 통합 검색

앞서 언급했듯 네이버 포털 서비스의 국내시장점유율은 압도적이다. 네이버의 페이지뷰 점유율은 60%가 넘는데, 이러한 압도적인 시장 점유율 차이는 핵심 서비스인 검색에서 비롯된다. 앞서 언급했듯 검색질의어 기준 점유율은 75%까지 상승했다. 구글이 전 세계 검색시장의 거의 80%를 차지하고 있는 상황에서 어떻게 네이버는 한국시장에서 압도적인 1위를 지킬 수 있었을까?

구글을 이긴 네이버의 핵심 경쟁력

그것은 구글과 네이버의 검색 방식 차이에서 비롯되었다. 구글은 웹 검색 방식을 사용하는 데 비해 네이버는 통합 검색을 사용한다. 웹 검색은 좀 더 기계적인 방식으로 검색 로봇이 인터넷을 돌아다니며 수집한 정보를 바탕으로 검색 결과를 제시한다. 전체 웹 문서를 대상으로 검색해 주므로 광범위한 자료를 얻을 수 있는 대신 때로 정확히 원하는 정보가 아닌 것들이 먼저 검색될 가능성이 높다. 이에 비해서 네이버는 기본적으로 네이버 이용자들이 구축한 데이터베이스(블로그, 지식iN 등)나 뉴스 등을 바탕으로 정보들을 보기 쉽고 깔끔하게 정리해준다.

예를 들어서 삼성전자 주가를 알고 싶어서 구글 검색을 한 경우와 네이버 검색을 한 경우 결과는 확연히 다르게 나타난다.

이는 두 서비스의 지향점이 다르기 때문이다. 구글의 우선 목표가 "당신이 원하는 자료를 최선을 다해서 찾아줄게"에 가깝다면 네이버

Fig 26

동일한 검색질의어("삼성전자 주가")에 대한 구글과 네이버의 검색 결과 차이

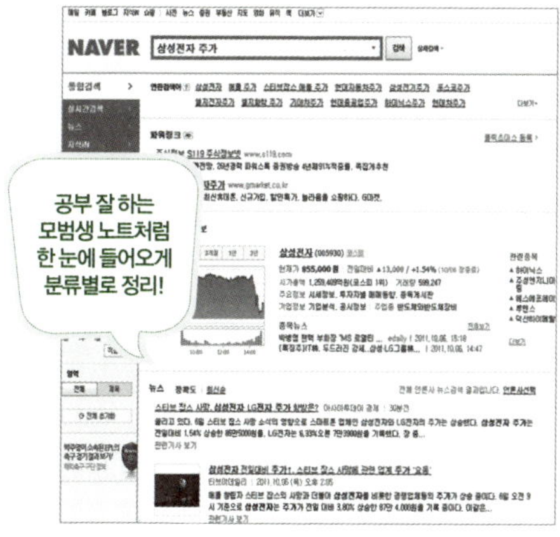

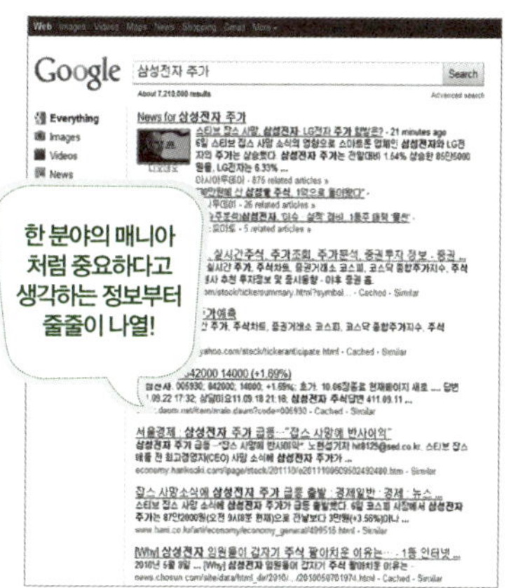

자료: 네이버, 구글

의 우선 목표는 "당신이 알고 싶어하는 것이 우리 유저User가 만든 데이터베이스에 있는지 찾아볼게. 그 후에는 우리 회사에 등록되어 있는 웹사이트(디렉토리)도 찾아보고, 그래도 없으면 다른 사람의 홈페이지(웹 검색)도 찾아볼게"에 가깝다고 할 수 있다.

구글이 가지고 있는 장점은 단순하다. 강력한 검색엔진이다. 웹 상에서 텍스트로 되어 있는 모든 관련 문서들을 가지고 올 수 있기 때문에, 통합 검색에서 찾을 수 없는 문서들을 검색할 수가 있다. 그러므로 전문적이고 희귀한 정보를 원하거나 일반적 주제지만 심도 깊은 정보를 원하면 구글이 지향하고 있는 웹 검색이 유용하다.

그러나, 대부분의 사람들은 일상적인 지식 정도에서 만족하기 때문에 통합 검색이 보다 편리한 도구이다. 웹 검색이 검색 '로봇'으로 기계적으로 서비스를 제공한다면, 통합 검색은 '서비스'를 더해 사용자들에게 좀 더 깔끔하고 보기 쉬운 정보를 제공한다. 게다가 네이버가 제공하는 통합 검색은 사용자들이 직접 축적한 데이터베이스를 기반으로 하고 있어 이용자들끼리 폭넓은 정보를 공유하기에 편리하다. 또한 이들 데이터베이스를 독점할 수 있기 때문에 네이버 웹사이트를 운영할수록, 이용자가 늘어날수록 검색 경쟁력이 자동적으로 제고되는 선순환 구조이다.

따라서 통합 검색은 가시성과 접근성 면에서 웹 검색보다 유리하다.

한국 사회에서 통합 검색의 구조

　물론, 강력한 검색엔진을 바탕으로 한 구글의 웹 검색 또한 심도 있고 편향되지 않은 정보를 원본 그대로 제공한다는 점에서 강점이 있다. 그러나 웹 검색이 한국에 발붙이기 어려운 이유가 몇 가지 있다.

　첫째, 서양권에서는 사이트의 로고를 제외한 대부분의 본문이 텍스트로 이루어져 있어 검색 로봇이 수집하기 용이하다. 그러나 한국에서는 이미 통합 검색이 대부분의 시장을 장악하고 있기 때문에 문서가 텍스트보다는 이미지, 플래쉬 등으로 이루어져 있는 경우가 많아 검색 로봇이 인식하기 어렵다. 실제로 구글이 제공하는 웹 브라우저인 크롬Chrome에서는 많은 한국 웹 페이지들이 보이지 않는다.

Fig 27

웹 검색과 통합 검색 모형 도식화 – 검색 결과를 그대로 나열하는 웹 검색과 DB화하여 분류하는 통합 검색의 차이

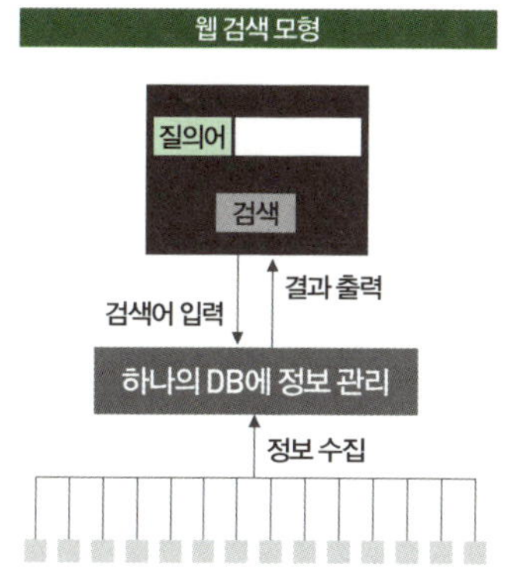

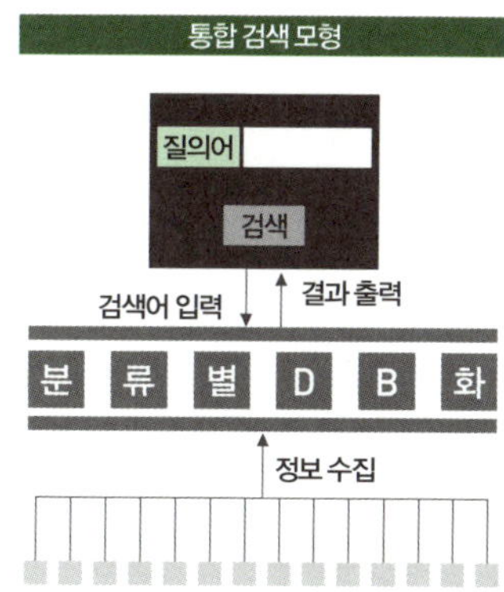

자료: 크루즈ing

둘째, 한국 사회는 구성원들이 대부분 같은 문화와 관심사를 공유하고 있어 비교적 검색어의 폭이 좁다. 즉, 서구권에 비해 웹 검색이 자랑하는 폭넓고 방대한 자료에 대한 수요가 적기 때문에 웹 검색의 장점이 줄 수 있는 효용이 상대적으로 줄어든다.

셋째, 사업자 입장에서 통합 검색의 이점이 있다면 통합 검색은 사용자의 요청을 충실히 이행하는 데서 그치지 않고 한 발 더 나아가 새로운 가치를 창출해낼 수 있다는 점이다. 사용자가 입력한 검색어에 가장 적합한 답을 도출해낼 뿐 아니라 '이러한 것을 검색하면 재미있고 유용한 정보를 얻을 수 있다'는 제안을 할 수 있다. 사용자 입장에서는 미처 생각하지 못했던 정보를 얻는 효과가 있고, 사업자 입장에서는 검색을 유도함으로써 페이지뷰를 늘리는 효과를 얻을 수 있다. 나아가서는 포털이 의제를 조성하는 미디어 본연의 역할까지 수행할 수 있을 것으로 생각한다.

네이버가 운영하고 있는 연관 검색어, 실시간 급상승 검색어, 핫토픽 키워드, 인기 검색어, 가장 많이 본 뉴스 등이 이러한 서비스에 해당한다.

넷째, 통합 검색의 구조상 사용자들 간의 상호 작용을 통해 데이터베이스가 확장되는 구조이고 이렇게 조성된 데이터베이스는 포털 사업자에게는 독점적인 자원이 된다. 현재로서는 국내 포털 사이트들은 다른 사이트의 블로그 등에서 검색한 결과도 공유하며 서로의 검색 결과에 노출시켜 주고 있다. 그러나 웹 검색엔진은 국내 사용자 데이터베이스 수집에 한계가 있어 상대적으로 열위에 있다.

구글은 가시성과 접근성을 보완하기 위해 2007년부터 유니버셜서치_{Universal Search} 검색 로직을 도입했다. 유니버셜서치는 웹 문서를 주욱 나열하던 기존 웹 검색의 단조로움에서 탈피하여 뉴스, 웹사이트, 비디오 검색 결과를 한꺼번에 보여주는 방식이다. 통합 검색을 벤치마킹한 서비스이긴 하지만 통합 검색과 똑같이 섹션별로 나눈 검색 결과를 제시하는 대신 가장 사용자의 니즈에 맞을 것으로 생각하는 결과를 우선적으로 배치한다. 검색 결과에서 사용자가 가장 많이 클릭한 웹사이트를 검색 결과 상단에 노출시키므로 결과의 순위는 사용자의 행태에 맞추어 바뀐다. 그럼에도 불구하고 보기 편하고 많은 데이터베이스를 보유한 통합 검색이 국내에서는 절대적인 우위를 차지하고 있고, 선순환 구조를 바탕으로 향후에도 지배적인 위치를 지킬 전망이다.

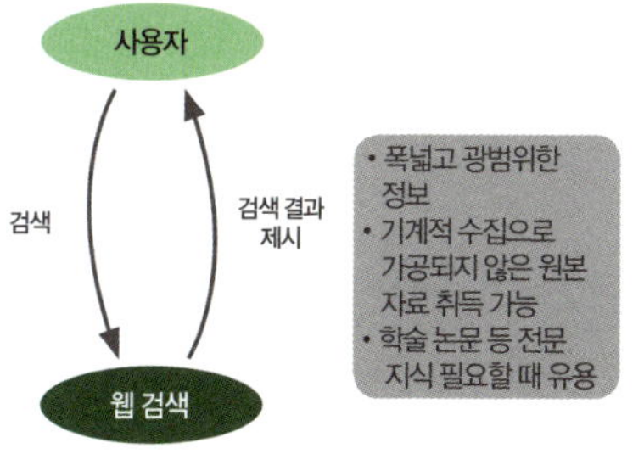

Fig 28

웹 검색의 가치 창출 구조 – 강력한 검색엔진으로 최대의 정보를 수집하는 웹검색

자료: IBK투자증권

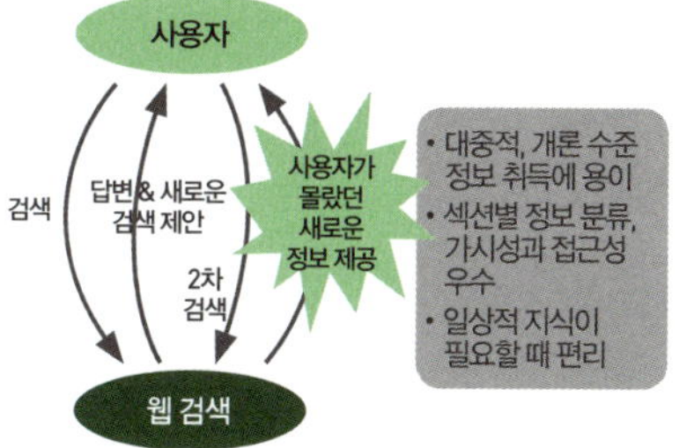

Fig 29

통합 검색의 가치 창출 구조 – 직관적으로 정보를 습득할 수 있는 통합 검색

자료: IBK투자증권

 **'통합 검색'의 경쟁력이 어디에서 비롯되는지 이해해 봅시다.**

네이버의 통합 검색이야 말로 전략의 중요성이 무엇인지를 일깨워주는 좋은 사례입니다. 시선추적eye tracking, 즉 시선이 움직이는 것을 동선으로 표시해 보는 것인데요. 캐나다의 Mediative 홈페이지(www.mediative.com)의 연구자료 코너에는 구글의 황금 삼각형The Golden Triangle, 즉 웹페이지가 있으면 구글은 화면의 상단 좌측에서 중간 지점까지를 밑변으로 해서 화면의 아래 절반 영역까지 역직각 삼각형 형태를 나타내는 지도 화면을 홈페이지에 보여주고 있습니다. Mediative 홈페이지에는 네이버에 대한 언급은 없지만 국내 웹전문가들은 구글에 비해 네이버는 화면의 상단 전체를 밑변으로 해서 아래 하단까지 역직각 삼각형으로 내려오는 형태를 갖는다고 평가합니다. 광고 매체로서의 가치는 당연히 시선이 넓고 길게 분포하는 네이버 쪽이 우세할 수밖에 없습니다. 콘텐츠가 상대적으로 부족한 국내 검색시장 여건에서 뉴스, 블로그, 카페, 이미지, 책, 동영

참고: 구글과 네이버의 시선추적 흐름

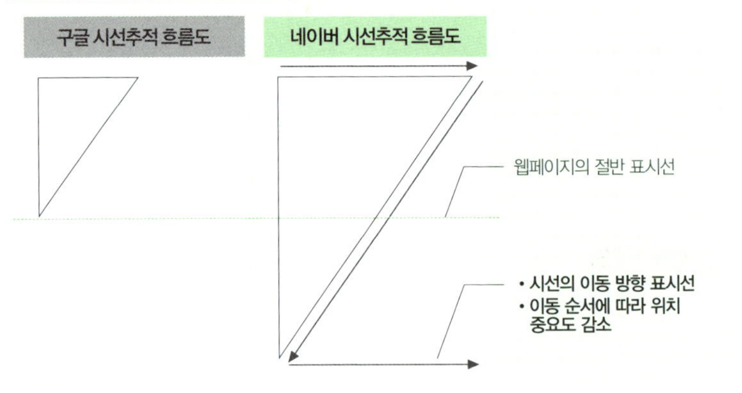

상, 인물정보 등 검색 특성에 맞춰 결과를 한 페이지에 통합적으로 보여주는 구조로 만들어 성공한 것입니다. 구글코리아가 2008년 1월 공식 도입한 유니버셜 검색도 바로 사용자 시선이 아래로 더 내려가도록 하는 '버티컬 어덥션vertical adoption' 전략에서 나왔다고 해야 할 것입니다. 좋은 전략은 철저한 시장 및 소비자 이해에서 출발한다는 점을 재확인할 수 있는 대목입니다.

관련 자료 찾아보기 ⑯
향후 콘텐츠 1등 기업의 수성 전략

통합 검색은 네이버가 글로벌 최강자 구글에게 안방을 내주지 않게 한 일등 공신입니다. 검색시장의 독점력을 기반으로 네이버는 안정적인 광고 수익, 그리고 그 수익을 기반으로 라인이라고 하는 모바일 플랫폼 비즈니스에 적극적으로 진출하는 모습입니다. 하지만 일부에서는 구글에 비해 네이버 검색의 폐쇄성을 비판하기도 하며, 장기적 관점에서의 지속성장 가능성에 대해 문제를 제기하기도 합니다. 미국 야후가 엄청난 콘텐츠 보유에도 불구하고 개방성의 구글에 결국 주도권을 뺏겼듯이 기존 콘텐츠 1등 기업의 수성 전략이 무엇이어야 할지에 대해 해답은 아니더라도 문제의식을 갖고 관련 자료들을 되도록 많이 찾아보시기 바랍니다.

02

해외시장 성장의 중심축
라인과 밴드

일본 시장을 향한 계속된 도전

네이버는 내수 기업 이미지가 강한 회사지만, 의외로 일찍 해외 진출을 시도했다. 네이버의 이해진 의장은 2000년 9월 한게임재팬(자본금 3억 원), 2000년 11월 네이버재팬(자본금 11억 원)을 설립했다. 삼성SDS의 사내 벤처 '네이버포트'에서 독립하여 네이버컴이 설립된 것이 1999년 6월임을 감안하면 네이버는 창업 초기부터 해외 진출을 시도한 것이다. 그러나 네이버의 일본 포털 사업은 순탄하지 못했다. 일본 시장은 이미 70%의 점유율을 가지고 있는 야후재팬이 장악하고 있었기 때문이다. 검색 사업이 부진하자 네이버는 2003년 10월 네이버재팬과 한게임재팬을 합병해 NHN재팬을 만들었지만 결국 2년 뒤인 2005년 8월 NHN재팬은 검색 서비스를 중단하고 홈페이지(www.naver.jp)를 폐쇄했다.

한 번 실패에도 불구하고 이해진 의장은 2009년 7월 네이버재팬 서비스를 재개했는데, 이번에는 검색 대신 커뮤니티 서비스에 힘을 실었다. 네이버재팬은 마토메 서비스를 내놓았는데, 일종의 일본형 지식검색 서비스였다. 네이버재팬은 2004년부터 질문·답변 서비스인 지식플러스知識plus를 개설, 운영한 경험이 있었다. 그러나 이미 2000년부터 운영을 시작한 OK Wave는 당시 네이버 재팬의 70배가 넘는 질문과 답변을 확보하고 있었고 이를 다른 포털과 공유하고 있었다. Goo의 경우에도 OK Wave의 지식 검색 솔루션을 ASP(Application Service Provider) 방식으로 임대해서 '알려줘요! Goo教えて! Goo'라는 서비스를 제공하고 있다. 야후재팬 또한 2004년 2분기부터 독자적인 지식 검색 서비스인 야후지혜주머니Yahoo知惠袋를 운영하고 있어 후발 주자가 동일한 서비스로 검색시장에 침투하기는 어려운 상황이었다.

마토메 서비스는 기존의 서비스와 차별화를 시도했다. 마토메まとめ는 일본어로 '한데 모아 정리하다' 라는 뜻을 가지고 있는 단어이다. 단어의 뜻에서도 알 수 있듯이 마토메 서비스는 사용자의 관심사를 모아서 보여줄 수 있는 기능을 가지고 있다. 사용자가 관심을 가진 키워드에 관련된 웹사이트나 그림, 동영상, 뉴스 등을 마토메 페이지에 모아둘 수 있는 일종의 스크랩북 서비스인 것이다.

또한 마토메 검색에는 NHN이 2006년 6월에 인수한 검색엔진 첫눈의 기술이 적용되어 있다. 첫눈은 단순히 검색어에 대한 결과 제시에 그치지 않고 검색어의 의미를 분석해서 연관된 검색어를 골라 그에

일본 주요 포털사이트의 지식 검색과 네이버재팬의 마토메 서비스 첫 화면 – 모바일에 적합한 화면을 가진 마토메, 기존 일본 검색과 차별화 시도

자료: 야후재팬, Goo, 네이버재팬

대한 결과까지 함께 제시하는 의미 검색Semantic Search이다. 마토메가 가지는 의미 검색이나 철저한 개인화 서비스 등은 일본 시장 특성에 맞춘 네이버재팬의 현지화 전략이었다.

이후 네이버재팬은 2010년 4월 일본의 7위 포탈 사이트인 라이브도어를 인수했다. 라이브도어는 이익 규모가 크지는 않지만 포털 사업부, 동인지 포털 DLsite, 만남 사이트 YYC, 결혼 사이트 youbride 등에서 수익을 내고 있고, 일본 내에서는 지명도 있는 블로그 유저를 확보하고 있었다. 라이브도어 인수 금액은 63억 엔으로 일본 내에서 추정했던 금액에 비해서 30% 이상 낮은 수준이었다.

이에 따라 네이버는 비교적 낮은 비용으로 게임(한게임), 검색 서비스(마토메), 블로그 서비스(라이브도어)를 구축할 수 있었다. 마토메는 200

만 건 이상의 데이터베이스를 구축했지만 대부분 여행, 취미, 엔터테인먼트 등의 부문으로 실질적으로 이슈가 될 수 있는 정치, 경제, IT, 스포츠 등의 분야로 확장되는 데 어려움을 겪고 있었다. 이러한 상황에서 라이브도어를 통해서 마토메 검색으로 유입되는 양이 늘어나자 일본 사업의 영업수익 기여도가 개선되었다. 그러나 여전히 의미 있는 수준의 매출 및 이익이 발생하지는 않는 상황이었다.

시장 진입의 계기가 된 자연재해

그러던 중, 2011년 3월 11일 일본 대지진이 발생하면서 일본 내에서 커뮤니케이션에 대한 새로운 필요성이 대두되었다. 대규모 재난이 발생하자 전화통신이 두절되면서 가족이나 친구, 친지들의 안전함을 확인할 수 있는 방법이 필요했던 것이다. 다행히 인터넷 통신이 단절되지 않고 남아 있었기 때문에 일본인들은 지인의 안부를 확인할 수 있었다. 일본 인터넷망이 단절되지 않았던 것은 무선 인터넷망이 발전해 있었던 덕분이다.

일본은 유선 인터넷보다 모바일 인터넷 시장이 더 발달되어 있는데, 이는 일본 시장의 특수성 때문이다. 일본은 세계 2위의 광고 시장을 보유하고 있는 나라인데다가 1999년 NTT Docomo의 모바일 인터넷 서비스인 i모드가 등장하면서 일찍부터 모바일 광고 시장이 발전했다. 일본이 다른 나라와 다른 점은 스마트폰이 등장하기 전, 일반 휴대 전화기Feature Phone 환경에서도 모바일 인터넷이 발달했다는 사실이다. 이는 일본의 유선 인터넷망 속도와 일정 부분 관계가 있어 보인다. 대부분의 사람들이 무선으로 인터넷을 사용하기 때문에 유선 인터넷에 대한 필요성이 크게 줄어들기 때문이다. 실제로 일본에서는 휴대전화 문자 메시지 대용으로 모바일 이메일이 대부분 활용되고 있다. 서로 전화번호를 몰라도 이메일 주소만 알면 모바일 이메일을 주고받을 수 있기 때문에, 사생활 보호를 중요시하는 일본의 정서에 부합했던 것으로 생각된다.

당시 지진 피해자들은 전화 연결이 안 되자 왓츠앱이나 소셜 네트워크 서비스로 가족과 친구를 찾아 안부를 전했다. 이를 계기로 4월 네이버재팬에서 모바일 메신저 개발팀이 구성되었고 개발이 시작된 지 불과 두 달 만인 2013년 6월 라인이 출시되었다. 라인 서비스는 한국에서의 앞선 경험과 성공한 비즈니스 모델을 이식하는 네이버의 기존 해외 진출 방법과는 근본적으로 달랐다. 네이버재팬은 10년 세월 동안 철저하게 깨지면서 일본 시장을 깊이 이해하게 되었고, 서비스 개발 초기부터 한국인 개발자와 일본인 개발자를 동시에 투입했다. 마케팅과 디자인 모두 현지에서 이뤄졌고, 그렇기 때문에 일본 시장에서 성공할 수 있었다.

네이버는 국내시장에서도 나름대로 모바일 메신저 대응에 나서 2011년 2월에 국내에서 라인이나 카카오톡과 유사한 서비스인 네이버톡 시범 서비스를 시작했다. 하지만 국내시장은 이미 카카오톡이 완전히 장악하고 있었고, 다음이 당시에 출시한 마이피플이나 PC에서 절대적인 입지를 차지하고 있었던 네이트온의 모바일 버전도 카카오톡의 아성을 무너뜨리지 못했다. 국내에서 카카오톡과 경쟁하는 것은 소모적일 뿐이라고 판단을 내린 네이버는 네이버톡 대신 라인 서비스에 집중했다.

직접적인 수익에 기여한 라인 캐릭터

그 덕분에 라인은 서비스 출시 26개월 만에 사용자 1억 명을 돌파했는데 이는 트위터(67개월)나 페이스북(56개월)보다 두 배 이상 빠른 속도다. 현재 라인의 가입자 수는 6억 명을 돌파했으며, 2015년 2분기 기준 월 사용자 수는 2억 1,100만 명이다. 지금까지 알려진 바에 의하면 국가별 가입자 수는 일본이 5,400만 명, 인도네시아 3,000만 명, 태국 3,300만 명, 인도와 스페인이 각각 1,800만 명, 대만이 1,700만 명, 멕시코 1,500만 명, 한국 1,400만 명, 콜롬비아 1,100만 명, 미국 1,000만 명, 말레이시아 1,000만 명이다. 이 중에서 현재 라인이 확고한 기반을 마련하여 수익원으로 삼고 있는 나라는 일본, 대만, 태국 3개국이었으나 최근에는 핵심 국가가 일본, 대만, 태국, 인도네시아 4개국으로 성장했다. 또한, 사우디아라비아를 중심으로 중동 지역 가입자 수도 성장하고 있다. 이를 바탕으로 2014년 라인 매출은 7,587억 원으로 전체 매출의 27.5%까지 성장했다.

사용자 1억 명 모집에 걸린 시간 비교 – 라인의 가파른 성장세 두드러져

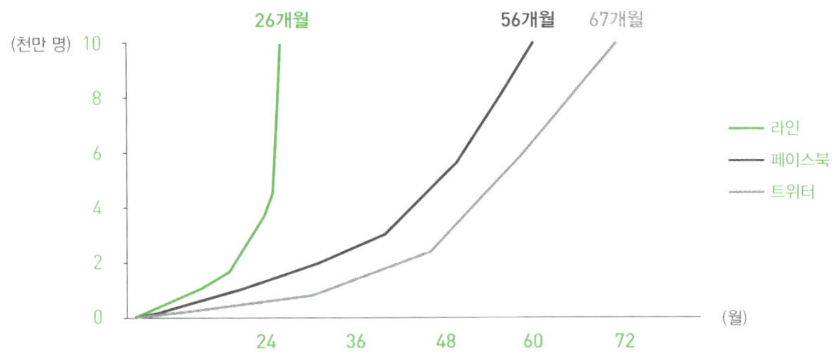

라인의 월 사용자 수 추이 – 아시아에서 강세를 보이는 라인

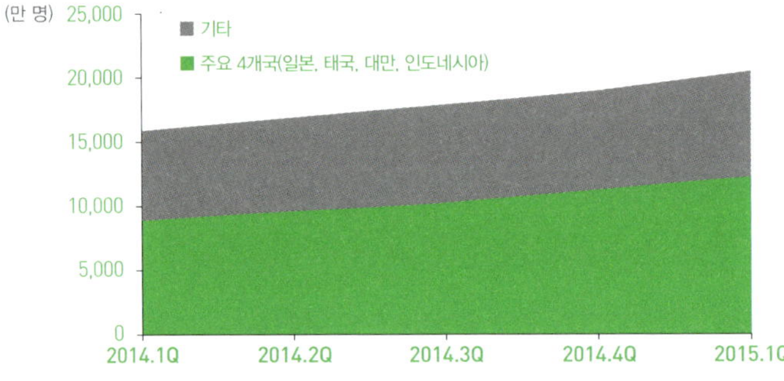

라인이 현지에서 성공할 수 있었던 이유는 여러 가지 있겠지만, 일본인들에게 어필할 수 있는 귀여운 캐릭터를 그중 하나로 꼽을 수 있다. 이들 캐릭터는 라인을 알리는 데 도움을 줄 뿐 아니라 직접적으로 관련 매출을 발생시키기 때문에 라인의 가장 중요한 자산 중 하나이

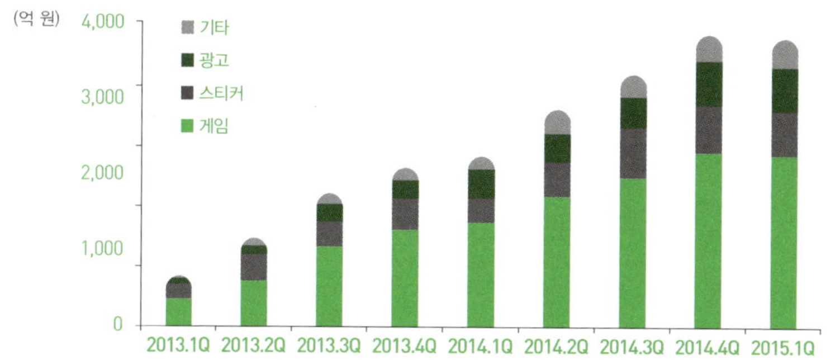

다. 라인은 캐릭터를 이용하여 스티커(이모티콘), 라인 캐릭터 관련 게임, 라인 캐릭터 상품 판매 등의 채널에서 매출을 창출하고 있다.

메시지를 보내는 기본 기능에 집중하고 있는 왓츠앱이나 페이스북 메신저와 달리, 라인은 게임이나 스티커(이모티콘), 캐릭터를 이용한 상품 매출, 라인몰, 라인 쇼핑 등 매출을 다각화하고 있다. 2014년 10월 이후에는 라인페이나 라인 택시, 라인 와우(음식 배달 서비스) 등 페이먼트payment와 음악, 만화 등 콘텐츠 온·오프라인 상거래로 사업 영역을 확장하고 있다. 라인 총매출의 60%는 게임에서, 15%는 광고에서, 15%는 스티커(이모티콘)에서, 나머지 10%는 기타 매출로 이루어져 있다. 페이스북이나 트위터 등 SNS의 매출 성장이 대부분 광고에서 오는 만큼, 라인 매출 중 가장 성장 가능성이 높은 사업 부분도 광고이다. 현재 라인의 주력 광고 상품은 카카오톡 플러스 친구와 비슷한 공식 계정이며 소규모 상인을 대상으로 하는 라인앳LINE@, 그리고 리워드형 광고

라인 캐릭터를 이용한 라인 레인저스 게임 – 라인 캐릭터는 직접적으로 수익에 기여

자료: 네이버

인 프리 코인이 있다. 라인 공식 계정이 꾸준히 매출을 창출하는 가운데 라인앳 가입 광고주 수가 일본, 대만을 중심으로 인도네시아까지 성장하며 앞으로 라인앳 수익화에 따른 성장이 기대된다. 프리 코인은 리워드형 광고로 광고를 시청하거나 클릭하는 대신 사용자들은 라인에서 쓸 수 있는 포인트를 받게 된다. 프리 코인은 남미 등의 국가에서 성장하고 있다.

아직 라인주식회사LINE Corp.는 네이버의 100% 자회사이지만, 회사의 운영은 상당히 독립적으로 이루어지고 있다. 이러한 독립성을 보강한 이후, 네이버는 라인주식회사를 일본이나 미국시장에 따로 상장할 계획을 가지고 있다. 라인이 아직까지 영업 현금 흐름을 충분히 창출하지 못하고 있는 상황에서 글로벌 SNS·메신저 경쟁이 더욱 치열해지고 있기 때문에, 대규모 투자나 인수합병을 대비하여 라인이 자체적으로 현금을 확보할 필요가 있다. 또한 라인이 아직까지 재무

라인주식회사의 지배 구조 – 네이버의 100% 자회사 라인과 라인의 100% 자회사 라인플러스가 사업의 핵심

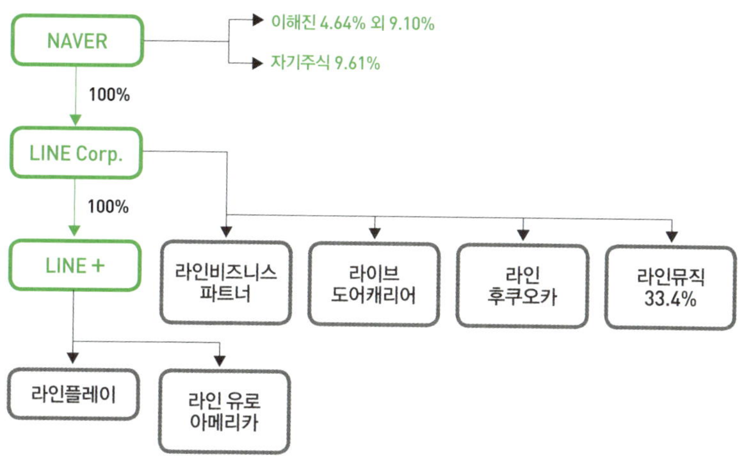

자료: 네이버

적인 부분에서 네이버에 많이 의지하고 있으므로 현금이 충분히 확보되면 경영 독립성도 더욱 강화될 전망이다. 이를 위해 네이버는 라인의 상장 청구 심사 신청서를 동경 증시거래소와 나스닥에 제출하였다. 다만 라인주식회사의 상장 시점에 대해서는 아직 명확히 정해지지 않았다.

일본 모바일 시장에 대해 공부해봅시다.
라인을 통해서 일본 모바일 시장의 잠재성을 엿볼 수 있는데요, 앞으로도 라인의 중요성이 더욱 커질 수 밖에 없다고 보면 일본 모바일 시장에 대해 공부를 해둘 필요가 있습니다. 모바일 분석업체 '앱 애니^{App Annie}'에 따르면 2013년 10월 기준으로 일본이 미국을 제치고 모바일 앱 시장 1위로 올라섰다고 합니다.

관련 자료 찾아보기 ⑰
정보통신정책연구원, 〈일본의 스마트폰 게임 시장 규모 및 전망〉

정보통신정책연구원에서 2014년 발간한 〈일본의 스마트폰 게임 시장 규모 및 전망〉, DMC미디어에서 발간한 〈일본 모바일 광고 시장 동향 및 특징〉 등의 자료를 활용해보시기 바랍니다.

폐쇄형 SNS 밴드, 국내 모바일 사업의 중심

네이버가 국내에서 내놓은 모바일 서비스 중 가장 흥행한 것은 캠프 모바일에서 개발한 밴드이다. SNS는 기본적으로 가능한 한 많은 친구를 확보하는 것을 목표로 하고 있다. 페이스북이나 트위터 등을 예로 들어 생각해 보면 실제로 아는 지인부터 시작해서 같은 학교 졸업생

이나 같은 회사에 재직하는 사람, 같은 지역에 거주하는 사람, 지인의 지인 등 느슨한 관계부터 시작해서 전혀 모르는 사람들까지 SNS 친구 범주에 포함된다. 문제는 그러다 보니 인적 사항 노출이나 사생활 침해 등 부작용이 발생한다는 점이다. 이러한 피로감으로 인해 한때 페이스북에서 10대와 20대의 젊은 사용자들이 이탈하기도 했다.

밴드는 사용자들이 인터넷상의 인간 관계에서 느끼는 피로감을 최소화하기 위해 개발된 폐쇄형 SNS다. 초대받은 멤버들만 가입할 수 있다든가 실생활 지인을 중심으로 한 온라인 모임을 오프라인으로 이식해 오는 형태로, 모임 앱이라고 할 수 있다. 구성하는 멤버 숫자도 단 둘에서 시작해서 최대 1,000명까지 자유롭게 조절할 수 있기 때문에 가족, 학교, 학원, 커플, 친구, 회사 등 모임에 최적화되어 있고 그룹 게시판, 앨범, 채팅, 캘린더, 투표 등의 기능을 갖고 있다. 또, 모임 앱이라는 성격에 맞게 N빵 기능(사용자들끼리 회비 등을 나눠 낼 수 있는 자동 계산기 기능), 게임 등의 기능도 추가했다. 밴드는 실생활 모임에 기반을 두고 있기 때문에, 가입자를 비교적 쉽게 확보할 수 있을 뿐 아니라 사용자 충성도가 높은 장점이 있다.

2015년 2월 밴드의 월간 사용자 수는 1,475만 명으로 2,400만 명인 카카오스토리에 비해 적은 편이지만 대신 총 체류 시간 기준으로 카카오스토리를 제쳤다. 사용자 활동성도 크게 늘고 있다. 지금 밴드는 게임을 제외한 수익 모델을 적용하지 않고 있으나 사용자 기반이 확고해지면 광고 등의 수익 모델로 확장할 전망이다. 밴드가 네이버의 국내 모바일 플랫폼에서 중추적인 역할을 할 것으로 예상된다.

밴드를 이용한 조모임 활성화 방법이나 아이디어를 생각해봅시다.
여러 언론을 통해서 소개된 내용을 정리해 보면 밴드는 라인과 함께 네이버의 글로벌 진출의 한 축으로 성장해나갈 것으로 예상됩니다. 네이버 카페를 대체하는 SNS로 성장하고 있지만 수익모델은 메신저, 게임, 광고 수익이라는 공통 분모를 두고 있다는 측면에서 라인과 유사하게도 보입니다. 하지만 '주제형' 커뮤니티(팬)로서의 특징을 차별화 포인트로 둔다든지, 스마트워치 초기화면 앱을 개발하여 웨어러블 시장에 진입하는 모습을 보면 라인과는 다른 길을 가는 것 같기도 합니다. 아무튼 밴드를 이용한 조모임 활동을 활성화시키는 방법이나 아이디어 같은 것들도 잘 생각해보시기 바랍니다.

관련 자료 찾아보기 ⑱
검색 키워드 '밴드의 차별화 전략', '밴드의 현재와 미래' 

　밴드에 대한 개발 콘셉트나 지향점 등을 이해하는 데 2012년 9월 네이버 임원이 동아일보와 인터뷰한 기사, '카톡-페북서 못다한 말 여기선 맘 놓고 하세요'를 참고해보시기 바랍니다. 폐쇄성을 유독 강조하는 점이 밴드의 특징인데 카톡의 개방 발산형 전략과는 180도 달라 보입니다. 각자의 비교 우위를 추구하려는 것일 텐데요. 카톡이나 페북처럼 경쟁 관계에 있는 커뮤니티형 SNS와 지향점과 운영 방식 등 어떤 차이점들이 있는지 하나씩 정리해 보시기 바랍니다. '네이버 밴드 차별점', '밴드의 현재와 미래' 같은 키워드로 탐색해보시기 바랍니다.

NAVER

NAVER

경영 이슈: 꾸준히 진화 발전하는 공공 서비스

네이버는 검색시장에서 70% 점유율을 차지하다 보니, 독과점 논란이 있습니다. 또 라인페이, 네이버페이로 핀테크산업 진출도 이슈가 되고 있습니다. 독과점 논란과 핀테크산업 진출은 정부나 금융당국의 규제 문제로 연결될 수도 있습니다. 또 사물인터넷, 빅데이터, 드론, O2O처럼 소프트웨어와 하드웨어의 경계가 모호해지고, 인터넷에 포함되는 생활 범위가 넓어지며 이 주제들로 인해 네이버 같은 인터넷 기업의 사업 영역이 무한히 확장될 것으로 예측됩니다.

01

성장에 따른
규제의 확대

규제의 표적이 된 네이버

검색시장에서 네이버는 70%의 점유율을 차지하고 있기 때문에 독과점 논란이 있어 왔다. 그간 네이버가 규제를 받아 온 근거는 크게 세 가지였다. 하나는 검색 광고 단가 상승으로 중소 규모 광고주들의 부담이 커진다는 점이었고, 다른 하나는 네이버가 사업을 확장하는 과정에서 골목 상권을 침해한다는 점이었으며 마지막으로는 정보의 흐름을 장악하고 있는 포털이 언론 권력을 대신 휘두르고 있다는 주장이었다. 당시 주요 표적은 검색과 부동산, 뉴스 스탠드 사업이었고, 네이버의 점유율이 상대적으로 낮은 디스플레이 광고는 비교적 규제에서 자유로웠다.

우회적으로 해결한 뉴스와 부동산 규제

먼저, 네이버가 뉴스의 흐름을 독점하고 있다는 지적은 실효성 있는 규제로 이어지기 힘들다. 과거 종이 신문으로 뉴스를 소비하던 행태와는 달리, 대부분의 독자들은 포털에서 뉴스를 읽는 것을 자연스럽게 받아들이고 있다. 이로 인해 과거의 주요 언론이 가지고 있던 여론 형성 권력이 자연스럽게 포털로 넘어오게 되었고, 4대 일간지의 뉴스나 인터넷 신문의 뉴스나 모두 동등한 위치에서 소비자의 '클릭'을 받아내기 위해 경쟁하게 되었다. 그러다 보니 너도 나도 자극적인 기사 제목으로 사용자들의 눈길을 끌기 위해 황색 언론의 행태를 취하게 되었고, 이러한 현상에 대한 정화 작용의 일환으로 네이버는 이후 시작 화면에서 뉴스를 모아서 독자들에게 보여주던 뉴스 캐스트 방식에서 소비자가 직접 언론사를 선택하여 기사를 읽게 하는 뉴스 스탠드 방식으로 개편하였다.

결과는 포털의 지배력을 확인시켜 줄 뿐이었다. 이틀 만에 언론사 홈페이지의 방문자 수는 42.5%, 페이지뷰는 40.0% 감소했다. 이 감소한 사용자는 고스란히 포털 뉴스로 흘러들어가 네이버 뉴스의 페이지뷰는 79.2% 증가했다. 그러나 이는 사용자들이 보다 편리한 뉴스 소비를 위해 언론사보다 네이버를 선택한 것으로 언론사들이 네이버에 제재할 수 있는 영역은 아니다.

그 다음으로 문제가 되었던 것은 동네 상권 영역을 침범했다는 점이다. 대표적으로 네이버 부동산 서비스가 그 대상으로 지적되었는데,

네이버는 이후 부동산 카테고리를 직접 운영하지 않고 노출만 시켜주는 쪽으로 방향을 전환했다.

비현실적인 검색 서비스 규제

그렇다면 네이버의 사업과 본질 가치에 가장 큰 영향을 미칠 수 있는 것은 역시 검색 사업에 어떤 규제가 가해지느냐이다.

네이버는 검색어가 입력되면 광고를 우선적으로 게시하게 되어 있다. 한 화면에 노출되는 최대 광고 수는 15개이며 파워링크가 1단과 2단, 그리고 비즈사이트가 3단에 게시된다. 이렇게 광고가 노출되는 검색어를 비즈니스 쿼리business query라 하고 검색어가 클릭될 때마다 광고주에게 과금이 된다. 그리고 광고가 상위에 노출되기 위해서 광고주들이 입찰을 통해서 광고 단가를 책정하는 방식이다. 당연히 상위에 노출된 광고가 하위, 또는 다음 페이지에 노출되는 광고에 비해서 훨씬 많은 클릭과 그에 따르는 매출로 연결되기 때문에 광고주들은 경쟁적으로 광고 단가를 올리면서 검색 결과의 상위에 노출되기 위해 노력한다.

규제를 주장하는 쪽의 논리는 두 가지로 요약된다. 첫째, 네이버가 광고를 검색 결과의 최상단에 노출하는 것은 불공정하며 사용자의 편의를 저해하는 행위이며 둘째, 포털에 검색 광고를 실시하는 광고주들의 대부분이 중소 사업자들인데 이들에게 가해지는 광고비 부담이

지나치다는 것이다.

그런데 이러한 논리에는 큰 약점이 있다. 대부분 사용자들이 비즈니스 쿼리를 검색할 때는 광고가 실질적으로 필요한 정보일 때가 많다는 점이다. 우리는 꽃을 선물하고 싶거나, 예쁜 가방을 사고 싶거나, 생활용품에 대한 가격 정보나 그런 제품을 파는 사이트를 알고 싶어서 검색어를 입력하게 된다. 늘 구매하던 세제를 사고 싶어 검색했는데 그 세제를 제조하는 제조사의 정보가 뜬다면 오히려 이는 사용자의 편의를 저해하는 행위가 된다.

모든 검색어가 비즈니스 쿼리도 아니다. 오히려 비즈니스 쿼리는 전체 검색어의 30%이고 나머지 70%는 광고가 붙지 않는 자연 검색어이다. 또, 15개의 광고가 모두 노출되는 검색어는 전체 검색어의 2.5%에 불과하다.

게다가 사용자의 편의를 주요 이유로 내세우고 있지만, 사용자들은 네이버를 이용할 때 전혀 비용을 지불하지 않기 때문에 규제 논리를 펼치기도 쉽지 않다. 일각에서는 네이버가 정보를 노출할 때도 자체 콘텐츠를 우선적으로(또는 독점적으로) 노출한다는 점을 문제로 제기하는데, 미국에서도 구글이 날씨 검색에서 자체 콘텐츠를 먼저 노출시킨 선례에 대해 연방거래위원회FTC가 구글의 손을 들어 주었다. 그 쪽이 사용자 편의를 증진시키는 데 도움이 되기 때문이다.

영세 사업자들에게 가해지는 광고비 부담이 과도하다는 논리도 뒤집어서 생각할 수 있다. 개인 사업자들이 광고비를 부담하면서까지 상단에 노출되려고 한다는 점은 결국 네이버 검색 결과가 그만큼의

집객력이 있다는 반증이다. 광고비를 만회할 수 있는 매출을 올리거나 단시간에 인지도를 올리기 위해 광고주들이 경쟁을 하는 것이다. 여기서 핵심은 광고주들이 원하면 언제든지 광고를 중단할 수도 있고, 낮은 가격에 광고 키워드를 구매하는 대신 검색 결과 하단에 노출되는 쪽을 선택할 수도 있다는 점이다. 게다가 광고가 노출되더라도 클릭으로 이어지지 않으면 광고주에게 과금이 되지 않기 때문에 다른 광고 수단에 비해 오히려 효율적이다.

이러한 상황에서 높은 비용을 지불하는 광고주와 그렇지 않은 광고주의 사이트를 평등하게 노출시켜 준다면 자본주의 논리와 맞지 않다. 그리고 규제를 주장하는 쪽이 지적하고 있듯 이들은 영세 사업자이기 때문에 대기업과는 달리 대규모 예산이 필요한 TV나 라디오, 신문 광고 등을 집행할 능력이 없다. 검색 광고를 막는다면 이들이 제품을 홍보할 수단이 없어지게 되므로 오히려 영세 사업자들의 사업에 방해가 된다.

따라서, 자연적인 경쟁에 의해 설정되는 광고 단가를 인위적으로 규제하기는 매우 어렵다. 가능한 규제 범위를 생각해 본다면 노출되는 광고 개수를 줄이는 방향이 될 것이다. 구글은 네이버에 비해 적은 11개의 광고만을 노출하고 있는데, 만약 노출되는 광고 수가 줄어들게 된다면 상위에 노출되기 위한 광고주들의 경쟁이 더욱 치열해질 것이므로 사업자들의 광고비 부담을 줄이려는 원래 취지에서 어긋나고, 네이버의 매출 감소도 제한적일 것이다.

균형된 시각 구축하기

인터넷 규제론에 대한 균형된 시각을 구축해봅시다.

네이버의 독점력으로 인해 국내에서는 규제에 대한 목소리도 높은 편입니다. 때로는 경제민주화 논리로 혹은 광고주들의 가격 부담을 이유로 비판과 규제의 필요성이 제기되기도 합니다. 하지만 네이버가 제공하고 있는 소비자 가치 측면을 도외시한 채 한 쪽만 보려는 것은 균형된 시각이라고 할 수 없을 것입니다. 본 내용에 나와 있는 시각을 잘 참고하여 인터넷 비즈니스 규제론에 대한 균형 있는 시각을 구축해보시기 바랍니다. 사실 네이버 김상헌 사장은 판사 출신 법조인인데요. 이런 사회적 문제 제기에 대해 비교적 잘 대응해 왔다는 것이 시장의 일반적 평가입니다.

관련 자료 찾아보기 ⑲
검색 키워드, '인터넷 포털 규제'

'인터넷 포털 규제'란 키워드로 자료들을 참고해 보면 사회적으로 어떤 주제들이 논의되고 있는지 체크해볼 수 있습니다. 예컨대, 기존 정부규제와 자율규제에서 앞으로는 공공규제에 초점을 맞추어야 한다는 학계의 주장에서 네이버가 어떤 영역을 더 신경 써야 할지 힌트를 얻을 수 있을 수 있을 것입니다.

핀테크 관련 규제

요즘 신문 기사 헤드라인에서 심심치 않게 볼 수 있는 단어가 있다. 핀테크^{Fintech}이다. Financial과 Technology의 합성인 이 단어는 금융과 기술의 만남, 즉 모바일 결제나 송금, 신용평가, 보안, 개인 자산관리 등 금융과 관련된 모든 기술 서비스나 상품을 의미한다. 전통 금융 강국인 영국과 유럽, 지금의 금융과 투자 중심지인 미국, 그리고 정보통신기술^{ICT}에서 최첨단을 달리는 중국이 현재 핀테크의 3대 축을 형성하고 있다. 사실 미국과 유럽에서 먼저 핀테크가 형성되어 민간 자본이 산업으로 유입되고 있던 중, 중국 정부가 ICT 기업에 문호를 대폭 개방하면서 비집고 들어오고 있는 모습이다.

ICT에 있어서라면 최첨단을 달리고 있는 우리나라지만, 기대와는 달리 핀테크산업에서의 성적은 아직 초라하다. 가장 직접적으로 소비자와 접하는 결제나 송수금, 또는 인터넷·모바일 은행 서비스가 변혁을 앞두고 있거나, 이제 막 시작했거나, 또는 규제를 완화하려는 움직임을 뒤늦게 보이고 있기 때문이다. 1월에 있었던 경제계 신년인사회에서 올해 경제 중점 추진 과제 중 하나로 핀테크가 꼽혔고, 금융위원회에서도 '종합 IT-금융 융합 지원 방안'을 통해 핀테크 관련법 개정, 세부 정책 시행 등을 추진할 예정이다. 금감원은 2014년 11월 핀테크 지원 상담 센터를 설치하여 관련 법규와 제도 지원을 시작했지만 사실상 아직 법률이 개정되지 않은 상황에서 할 수 있는 일은 제한적이다.

우리나라에서 눈에 띄는 진전이라면, 2014년 11월 11일에 다음카카오에서 출시한 뱅크월렛카카오 서비스를 들 수 있다. 뱅크월렛카카오는 17개의 은행과 금융결제위원회, 그리고 다음카카오가 공동 참여한 서비스로 카카오톡 이용자 간의 송수금 및 결제 서비스를 지원하고 있다.

인터넷전문은행도 급물살을 타고 있다. 금융위원회는 2015년 6월 18일 인터넷전문은행 도입 방안을 발표하면서 2015년 말까지 1~2개의 인터넷전문은행을 시범적으로 인가해줄 계획이라고 밝혔다. 또, 2015년 8월 3일에는 인터넷전문은행 인가 심사 관련 Q&A 자료를 공개하면서 대략적인 가이드라인을 제시했다. ICT 기업이나 포털 등 플랫폼 사업자가 자체 채널을 활용해 예금이나 대출 고객을 모집할 수 있게 되었고 무인 대출 심사 시스템도 허용될 전망이다. 대출 심사 전문 인력 없이 전산 시스템만으로 대출 심사가 가능해진다는 이야기이다. 또한, 은행 산업 발전을 위해 제2금융권과 ICT 기업의 참여가 우선시된다. 때문에, 인터넷 회사들의 핀테크 참여 폭이 더 넓어질 전망이다.

네이버는 현재 라인페이와 네이버페이를 통해 핀테크에 진출한 상황이다. 라인페이는 라인 가입자들을 상대로 송금(현재는 일본 한정)과 결제 솔루션을 제공하는 서비스로, 현재로는 일본, 대만, 태국을 위주로 이루어지고 있다. 이에 비해 네이버페이는 국내 사용자를 대상으로 하고 있다. 기존의 네이버 체크아웃 서비스를 이용하던 이용자 수 1,500만 명과 5만여 가맹점을 확보하고 있기 때문에 경쟁 페이먼트 서비스에 비해 훨씬 유리한 고지를 점유하고 있다. 네이버는 체크아웃과 마일리지 서비스를 기반으로 하여 간편 결제와 송금 서비스를 통합 서비스하는 네이버페이를 2015년 6월 25일에 정식 출시했다. 네이버는 '펌뱅킹firm banking' 방식을 통해 네이버페이 안에서 송금 서비스를 함께 제공한다. 펌뱅킹은 금융자동화시스템(FBS: Financial Benefit Service)을 통해 기업과 은행을 컴퓨터 전용회선으로 직접 연결한다. 네이버페이는 ID와 이메일 송금은 물론 휴대폰 번호 송금 기능까지 지원한다.

아직 우리나라에서는 핀테크가 발전 초기 단계이므로 관련 법규가 명확하게 규정지어지지 않았다. 또한, 네이버는 경쟁사인 다음카카오와 달리 인터넷 뱅킹에 진출하지 않겠다고 밝혔지만 쇼핑 검색을 강화하는 수단으로 네이버페이를 활용할 계획이다. 때문에 네이버의 사업, 특히 쇼핑 사업 영역은 어떤 식으로든 금융 당국의 규제 범위에 포함될 전망이다. 간편 결제가 몰고 올 파장이 만만치 않기 때문이다.

형태별 모바일 결제 구현 방식 및 기능

방식	구현 및 기능
모바일 신용카드	- 비접촉식 IC칩 내장한 USIM에 카드 정보 수록, NFC 리더기를 통해 결제 - 온라인에서는 PG 업체를 통해 다른 금융 정보와 공인인증서 연동하여 결제 - 본인 인증을 위한 지문 등 수단 보완 필요
휴대전화 소액결제	- 휴대전화 번호와 가입 주민등록번호만으로 결제, 요금은 휴대전화 요금에 합산 - 소액 결제만 가능, 이체 등은 불가능
전자 지갑	- 스마트폰 앱에 카드 정보를 입력해 온라인 결제시 사용, 결제 기능 외에도 할인 쿠폰, 마일리지 적립 등 부가기능 함께 이용 - 이동통신회사, 금융회사, 스마트폰 제조회사 등 대부분 결제 관련 기업에서 제공
모바일 간편 결제	- 스마트폰, OS, 결제 앱을 활용한 결제 - 사이트 아이디를 기준으로 아이디에 등록된 결제 정보를 바탕으로 비밀번호만 입력하면 결제 가능 - 공인인증이나 액티브X가 필요 없으므로 보안이 가장 중요한 이슈

자료: 언론

업태별 글로벌 기업들이 출시한 모바일 결제 서비스

업태	기업명	서비스명(출시)	서비스 개요	강점
모바일 OS	애플	애플페이 (2014년 10월)	아이폰6와 아이폰6+를 NFC 단말기에 대고 손가락을 터치ID에 대고 본인 인증 후 결제	아메리칸익스프레스, 비자마스터, 디즈니랜드, 맥도날드, 스타벅스 등 우수 가맹점 확보
	구글	구글월렛 (2011년 5월) 안드로이드 월렛 (2015년 6월)	NFC 결제, 이메일 송금 서비스(2013년)	안드로이드 페이는 미국 내에서 보급되는 안드로이드 단말기에 선탑재
하드웨어	삼성전자	NFC 결제 서비스	중국 유니언페이와 제휴, 유니언페이 카드 정보를 IC칩에 저장 후 NFC 결제	유니언페이 NFC 결제 지원하는 가맹점 단말기 360만 대, 중국에서 유니언페이 점유율 80%
		삼성월렛 (2013년 5월)	멤버십 카드와 쿠폰 이용, 항공권도 관리	
		삼성 페이 (2015년 하반기)	마그네틱 리딩 기능 이용하여 NFC 결제	루프페이 인수하여 비접촉 무선 결제 기능 확보
전자 상거래	이베이	페이팔 (1998년 12월)	페이팔 계좌끼리 또는 신용카드로 송금, 입금, 청구 가능, 카드를 페이팔 계정에 등록하면 로그인 만으로 결제 가능	1억 5천만 명 회원 확보, 이베이에서 분사되면 다른 제휴처 및 가맹점 확보에 유리
		스마일페이 (2014년 4월)	지마켓과 옥션에서 최초 결제 시 카드 번호를 입력하면 이후 구매할 때 휴대폰 단문메시지(SMS)만으로 인증	
	아마존	아마존페이먼츠 (2014년 6월)	아마존과 제휴한 온라인 상점 '아마존으로 결제하기(Pay with Amazon)'로 결제	아마존의 원클릭 서비스를 제휴 업체까지 확대 적용
	알리바바	알리페이 (2003년 5월)	에스크로 플랫폼(Escrow Platform) 제공, 제휴 은행 계좌로 선불 충전 후 온/오프라인 상점에서 사용 가능	알리바바 중국 내 B2B(알리바바) 점유율 45%, B2C(T몰) 점유율 50%, C2C(타오바오) 점유율 80%, 중국 모바일 결제 시장 50% 장악, 알리페이 가입자 9억 명
통신사	AT&T, 버라이즌, T-모바일	소프트카드	NFC를 기반으로 심 카드의 시큐어 엘리먼트에 결제 정보를 저장	80여 개 스마트폰에서 사용 가능, 30여 개에는 기본 설치, 아멕스, 체이스, 웰스파고 은행 신용카드 등과 제휴, 서브웨이 가맹
	SKT	스마트월렛 (2010년 6월)	여러 멤버십 카드 하나의 앱에서 통합 관리	
	KT	모카월렛 (2012년 12월)	간편 결제, 카드, 은행계좌, 상품권 등록	60여 개의 가맹점 보유
	LG U+	페이나우플러스	액티브X나 공인인증서 없이 앱 설치, 최초 1회 결제정보 등록하면 추가 절차 없이 결제	
인터넷 기업	다음카카오	카카오페이 (2014년 11월)	액티브X나 공인인증서 없이 앱을 설치, 최초 1회 결제정보 등록하면 추가 절차 없이 결제	국내 3,500만 MAU 확보, KB, BC, 현대, 롯데, 삼성카드 등 9개 주요 카드사와 제휴
		뱅크월렛카카오 (2014년 11월)	하루 최대 10만 원까지 송금 가능, 1인당 최대 50만 원까지 충전 가능	우리, 국민, 신한은행을 비롯한 전국 17개 은행과 제휴, 국내 3,500만 MAU 확보
	네이버	라인페이 (2014년 12월)	한국과 중국에서는 이용 제한 일본 내 모바일 송금과 결제 모두 지원	비자, 마스터, JCB, AMEX, DINERS 카드 제휴 미쓰이 스미토모, 미즈호 은행 제휴

업태	기업명	서비스명(출시)	서비스 개요	강점
인터넷 기업	텐센트	텐페이 (2013년 9월)	에스크로 플랫폼(Escrow Platform) 제공, 제휴 은행 계좌로 선불 충전 후 온/오프라인 상점에서 사용 가능	위챗 회원 수 6억 명, QQ 회원 수 10억 명 확보, 중국 모바일 결제 시장 20% 점유, 텐페이 가입자 수 2억 명, 국내에서는 다날, 신세계와 제휴
	SK플래닛	시럽(2014년 6월)	모바일 지갑 스마트월렛, OK캐쉬백, 모바일 상품권 기프티콘을 통합한 서비스	OK캐쉬백 회원 수 3,700만 명, 가맹점 수 5만 개, 11번가 모바일 거래액 1조 원 이상
	스퀘어	스퀘어리더 (2009년)	작은 신용카드 리더기를 스마트폰이나 태블릿에 장착해서 판매시스템(POS)을 구축	누구나 손쉽게 스마트폰이나 태블릿을 이용해서 신용카드 결제시스템 구축 가능
	스트라이프	(2009년)	모바일 앱에서 간편 카드 결제 션과 API 제공	139개 통화 지원, 은행 계좌 이체와 비트코인, 알리페이까지 지원, 애플페이와 제휴
	바이두	바이두월렛 (2014년 4월)	모바일 간편 결제 시스템	중국 검색 점유율 60%, 1위로서의 영향력
결제 기업	NHN	셀프페이 (2014년 9월)	지분 인수한 KCP(한국사이버결제)를 통해 NFC 기반 간편 결제 서비스 출시	
	KG이니시스	Kpay	간편 결제 서비스	
카드 회사	신한카드	올댓쇼핑 & 월렛 (2014년 7월)	전자지갑에 큐레이션 쇼핑 기능과 쿠폰 포함	
	롯데카드	롯데카드클러치 (2014년 5월)	전자지갑 기능에 쿠폰과 스탬프 등 제공	
	삼성카드	M포켓(2012년 5월)	전자지갑에 위치 정보 이용한 쿠폰 제공	
	국민카드	와이즈월렛 (2013년 10월)	카드, 멤버십, 쿠폰을 등록하여 결제	
은행	하나은행	하나N월렛 (2012년 2월)	은행계좌 대신 휴대전화번호로 소액 송금 가능, 선불카드에 현금 충전 후 오프라인 가맹점에서 바코드로 대금 결제	전화 번호로 간편하게 송금 가능
	신한은행	주머니(2012년 2월)		

자료: IBK투자증권

핀테크 시장의 주요 플레이어, 주요 사업 영역을 알아둡시다.

핀테크 영역은 네이버에도 새로운 기회로 인식되고 있는 것 같습니다. 핀테크 시장의 주요 플레이어는 누구인지, 핀테크의 주요 사업 영역은 어떤 곳인지 등에 대한 윤곽을 이해해두시기 바랍니다. 실제로 2015년 1월초 정부가 핀테크 육성을 위해 인터넷은행 설립에 인터넷 포털이 후보로 거론되면서 주가가 크게 오르기도 했습니다. 그만큼 시장에서는 포털의 핀테크를 긍정적으로 평가하고 있다는 의미일 것입니다. 아직 네이버는 인터넷은행 설립 의지를 공개적으로 표명하고 있지는 않지만 인터넷은행을 한다면 네이버의 여타 사업과의 시너지를 어떻게 낼 수 있을지에 대해 관련 자료들을 토대로 생각해보시기 바랍니다.

관련 자료 찾아보기 ⑳
검색 키워드, '모바일 결제'

스마트폰 기반의 '모바일 전자지갑'과 원클릭의 '간편결제' 등의 모바일 지급결제 서비스가 핀테크 규제 완화 정책과 맞물리면서 빠르게 확산되는 모습입니다. 아직 소비자들은 보안이나 사고 문제에 대한 불안감이 있지만 이미 대세가 되고 있음은 부정할 수 없습니다. '모바일 결제 시장 현황'을 키워드로 삼성, 애플, 구글 등 글로벌 IT기업들의 사업 추진 방향과 경쟁 구도 등을 살펴보면서 네이버 사업 영역에서는 어떤 가치 창출의 기회가 있는지 탐색해보시기 바랍니다. 최근 핫이슈인 만큼 수준 높은 자료들을 손쉽게 확인할 수 있습니다.

02

기술적 변화와 도전, 그리고 새로운 기회

사업 확장과 라이프 플랫폼으로의 진화

현재 인터넷산업은 사용자의 삶을 전체적으로 포용하는 라이프 플랫폼으로 진화하고 있다. 그 과정에서 수많은 활동이나 거래가 발생하고, 또 거기에서 막대한 정보가 흘러나온다.

2014년에서 2015년 사이에 사회적인, 그리고 기술적인 이슈가 되었던 주제들을 거론해 보자. 클라우드, 빅데이터, 사물인터넷, 핀테크, 드론(로봇 산업), 무인자동차, O2O 정도를 크게 꼽을 수 있을 것이다. 점점 소프트웨어와 하드웨어 사이의 경계가 모호해지고, 인터넷에 포함되는 생활의 범위가 넓어지면서 저 모든 주제들이 인터넷 기업의 직·간접적인 사업 영역에 들어오게 되었다.

클라우드는 막연한 개념 같지만, 의외로 우리 생활 가까이 침투해 있다. 어떤 사람들은 i클라우드 백업 서비스를 이용하고 있고, 흔히 사용하는 N드라이브도 클라우드 서비스이다. 엔씨소프트는 2014년에 클라우드 게임 〈리니지 이터널〉을 시연하면서 PC와 모바일 디바이스 모두에서 즐길 수 있는 게임을 내놓겠다고 공언했다. 2015년 구글 I/O에서 선보인 서비스 중 이슈가 된 구글포토도 클라우드 서비스의 일종이다. 클라우드란 간단히 무형의 저장 공간이라고 생각하면 쉽다. 유형의 하드디스크에 저장하던 개인 데이터들을 가상의 저장 공간에 보관할 수 있게 해 주는 것이다.

그리고 이렇게 인터넷에서 오간 활동의 흔적은 고스란히 빅데이터로 쌓이게 된다. 빅데이터란 개념은 2006년에 구글 검색어로 처음 등장했고, 2011년 중반부터 검색 빈도가 크게 증가하기 시작했다. 그리고 2012년에 이르러서는 IT를 지배하는 큰 트렌드 중 하나로 떠올랐고 '모두가 중요한 줄 아는 그 무엇'이 되었다. 하지만 빅데이터의 개념은 너무 모호하여 정작 빅데이터의 실체를 이해하기는 쉽지 않다.

일단 매우 단순하게 접근해 보면, 빅데이터는 지구 상에 생성된 모든 데이터를 의미한다. 우리가 익숙한 데이터 개념과의 가장 큰 차이는, 기존에 데이터로 인지되고 활용되지 못했던 것들도 데이터로서의 의미를 부여받았다는 점이다. 과거의 데이터가 일련의 표로 한눈에 정리될 수 있는 것이었다면, 빅데이터는 그림, 소리뿐 아니라 움직임, 위치 정보, 산발적인 대화 내용 등도 모두 포괄하는 개념이다.

쉽게 말해 과거에는 'IBK투자증권의 본사 주소는 서울시 영등포구 여의도동 34번지 삼덕빌딩이다'가 데이터였다면, 빅데이터에서는 IBK

투자증권 본사 1층에서 평일 야간조로 근무하는 경비 아저씨의 셀카 사진도 정보로서의 가치를 가진다는 것이다.

책을 한 권 산다고 가정해 보면 책을 만들 때 투입되는 펄프 가격부터 시작해서 인건비, 운송비용, 출판사와 서점의 마진 등 가격적인 정보를 비롯해서 저자의 나이와 성별, 경력, 구매자의 나이와 성별, 결혼 및 자녀 여부 등 수많은 정보가 발생한다. 이런 정보는 분류되고 정리되어 기업의 데이터베이스에 차곡차곡 쌓인다. 대부분의 기업에서는 이러한 데이터를 이미 보유하고 활용하고 있다. 다만 정보 처리 및 분석 기술이 진보하면서 기존의 거래 데이터에 대해 더욱 심층적인 분석이 가능해졌다.

60초 안에 생성되는 빅데이터

자료: Go-Globe.com

향후 생활 속에 정착될 인터넷 플랫폼

빅데이터의 종착역은 소비자 편익 증대이고, 기업이 노리는 것은 개인화된 마케팅이다. 마케팅은 결국 소비자의 구매로 직결되는데, 이를 편리하게 해주는 수단이 핀테크와 O2O다. 간편 결제의 편리성이야 주지의 사실이지만, 핀테크는 간편 결제나 모바일 송수금을 넘어서 P2P 대출중개 서비스나 신용정보 제공 등 소비자의 경제 편익 전반을 향상시키는 도구가 될 것이다. O2O도 마찬가지다. O2O는 Online to Offline이 될 수도 있고 Offline to Onlie이 될 수도 있는 단어로 말 그대로 오프라인과 온라인의 통합을 이야기한다. 모바일 인터넷과 스마트폰이 대중화되기 전에는 대부분의 매체는 광고를 위한 플랫폼이었다. 소비자들이 정보를 접하고 바로 구매하기 힘들었기 때문이다. 물론 2000년대 중후반부터 인터넷 쇼핑과 홈쇼핑이 발달하기는 했지만

Fig 39

대표적인 글로벌 빅데이터의 정보 원천

방식		핵심 데이터	매일 발생하는 데이터 양
구글	생활	- 방문자의 검색어와 클릭한 광고나 링크 - 음식점 평가, 여행 정보, 지도 데이터, 　교통 정보 등 일상생활과 밀접한 각종 정보 - 안드로이드 디바이스를 통한 사용자 정보	- 6.2억 명의 방문자 - 10억 건의 검색 - 72억 건의 페이지뷰
아마존	상품	- 1.2억 명의 고객 정보 - 고객의 검색어와 상품 탐색 및 구매 내역 - 230만 종의 서적 데이터베이스	- 440만 명의 방문자 - 900만 개의 상품 주문 　(2010년 크리스마스)
전자 지갑	사람	- 20억 명의 회원, 1,000억 건의 친구 관계 - 회원의 관심사, 소속, 결혼 여부, 심리 상태 　등의 소셜 데이터 보유	-2.5억 장의 사진 -27억 건의 '좋아요'와 댓글

자료: 『빅데이터, 경영을 바꾸다』(함유근·채승병 저)

어디서나 일부 품목에 한정된 움직임이었다. 하지만 모바일 인터넷과 함께 위치기반서비스(LBS: Location Based Service)가 발달하게 되었다. 이에 따라 소비자가 재화를 필요로 하는 바로 그때 그 자리에서 적합한 상품과 서비스를 검색할 수 있게 되고, 또 플랫폼을 통해 이를 직접 중개할 수 있게 되었다.

사물인터넷과 드론, 무인주행자동차는 센서와 인공지능(AI: Artificial Intelligence) 기술을 바탕으로 하고 있기 때문에 하드웨어와 소프트웨어의 영역 중간쯤에 있다.

이러한 일련의 트렌드를 되짚어 볼 때, 인터넷 기업의 영역은 무한히 확장되고 있다. 빅데이터와 클라우드의 최첨병에 서 있는 아마존이나 구글도, 빅데이터를 이용한 광고를 가장 잘 활용하는 페이스북도, 핀테크의 대표 기업으로 회자되는 알리바바도, 무인자동차 진출을 선언한 구글도 모두 인터넷 업체이다. 산업의 조류가 거세게 뒤바뀌는 시점에서, 공격적으로 신사업에 직접 또는 인수합병을 통해 진출하여 성공하는 기업은 살아남고, 제자리에 머무르는 기업은 퇴보할 수밖에 없다. 하지만 현재 상황이 가장 큰 기회를 담보하고 있는 것 또한 사실이다.

 **인터넷이 세상을 어떻게 바꿔나가는지 생각해봅시다.**
인터넷서비스 기업 줌인터넷은 2015년 포털 트렌드 4대 키워드로 빅데이터, O2O, 핀테크, 큐레이션을 선정하기도 했는데요. 네이버로서는 이런 영역들을 잘 대응하여 확고한 라이프 플랫폼으로 만들어 나가는 일이 앞으로의 도전 과제라고 하겠습니다. 인터넷이 세상을 어떻게 진화시켜 나가는지 그 흐름과 방향을 잘 탐색해 보시기바랍니다.

관련 자료 찾아보기 ㉑
우메다 모치오, 『웹진화론』 

웹, 플랫폼, 빅데이터, 큐레이션 등과 관련한 국내외 석학들의 저서를 탐독해보시길 권합니다. 출간된 지 10여 년이 지났지만 우메다 모치오가 쓴 『웹진화론』 같은 책은 여전히 인터넷 비즈니스에 대한 통찰력을 키우는 데 유용한 점이 많습니다.

NAVER

경영 요소:
글로벌로 나아가는
국내 검색 분야의 선구자

네이버 매출의 핵심은 광고와 콘텐츠입니다. 배너 광고 같은 디스플레이 광고의 매출은 둔화되고, 검색어를 클릭할 때 발생하는 검색 광고 매출이 성장세입니다. 라인의 게임과 스티커 같은 콘텐츠 매출도 증가 추세입니다. 라인은 특히 일본, 대만, 태국, 인도네시아 등 아시아의 주요 매출 통로가 되고 있습니다. 네이버가 구글, 페이스북과 같은 진정한 글로벌 강자가 되기 위해 필요한 미래 가치도 고민해보시기 바랍니다.

01

세 가지 주요
직무 구조 이해

연구개발조직

인터넷 회사답게, 네이버의 조직 중 가장 핵심은 연구개발 담당 조직이다. 연구개발비가 전체 연결 매출의 42% 정도를 차지할 정도로 많은 투자가 이루어지고 있다. 네이버는 각 사업 부문별로 연구개발 담당 조직을 운영하고 있으며, 계열회사인 서치솔루션은 검색엔진개발 등을 담당하고 있다.

연구개발조직의 주요 직군으로는 소프트웨어 개발자, UX/프로모션 디자이너, 기획자가 있으며, 프로젝트별로 셀cell 조직을 이루어 움직이기도 한다. 기획자가 새로운 서비스를 만드는 일부터 이용자 소통, 경험(UX: User Experience)을 기획하고 나면 디자이너와 개발자가 이를 구체화시키는 역할을 수행한다.

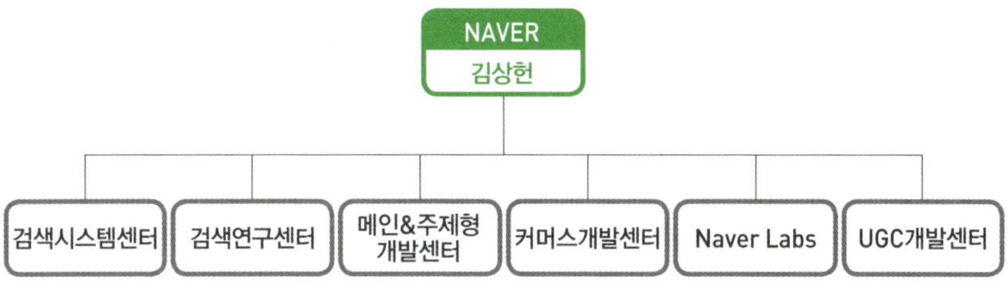

영업직: 광고, 콘텐츠 및 기타

a. 광고

네이버는 대형 광고주에게 직접 영업을 하는 직접 판매(주로 디스플레이 광고)와 광고주가 온라인 상에서 직접 광고 상품을 구매, 관리하는 온라인 판매(주로 검색 광고), 외부 대행사를 통한 텔레마케팅 및 직접 판매를 하는 대행사 판매 형태를 병행하고 있다. 영업직군에서는 검색 사용자들의 이용 행태를 분석하고 광고 상품을 개발하고 검색 및 디스플레이 광고 영업 전략 수립과 영업, 광고 운영, 관리 등을 수행한다.

b. 콘텐츠 및 기타

콘텐츠의 경우에는 해당 서비스에서 이용자가 직접 구매하는 온라인 판매이므로 영업직의 개입 정도가 크지 않으나 IT 서비스, 부동산 매출 등 기타 매출 부문에서는 콘텐츠 공급자 관리 및 접촉이 요구된다.

일반직군: 홍보, 마케팅, 경영관리·재무·회계, 인사운영(HR), 법무·정책, 계약·구매, 정보보호

a. 홍보 및 마케팅

네이버는 PC 인터넷 환경에서 안정적인 상품과 브랜드 이미지를 보유하고 있었지만, 모바일 인터넷이 보편화되면서 산업 내 경쟁이 점점 더 치열해지고 있다. 그러므로 홍보와 마케팅의 역할이 그 어느 때보다 중요해지고 있는 상황이다. 홍보와 마케팅실이 원하는 인재상은 인터넷 비즈니스를 잘 이해하고 있으면서 외국어와 작문 능력이 뛰어난 직원이다.

b. 경영관리·재무·회계

여느 회사들과 마찬가지로 네이버에서도 예산 및 사업 관리를 담당하고 전사 프로세스와 시스템을 개선하는 관리 본부를 운영하고 있다. 또한 전사적 재무 관련 이슈를 검토, 분석하고 M&A와 전략적 제휴 등 투자안을 검토하고, 자금 운영 및 조달을 계획하는 재무팀 또한 회사의 전략을 뒷받침하는 팀이다.

c. 인사 운영(HR)

뛰어난 인재에 대한 경쟁이 치열한 네이버에서 인사 운영도 중요한 조직이다. 인사 기획, 평가와 보상, 조직 설계, 조직 문화, 채용 등을 담당하고 있으며 네이버 본사 이외에도 해외 자회사나 비정규 인력 관리까지 포함하고 있다.

d. 법무·정책

검색, 배너 광고, 게임, 온라인 쇼핑 등 인터넷 포털 비즈니스 관련 기획·운영 법률 자문을 담당하고 있으며 소송 전략 수립, 자료 수집 및 분석 등 소송 대응 관련 업무도 맡고 있다. 해외 사례 학습도 중요한 업무이니만큼 글로벌 인터넷 기업 활동을 위한 해외 법령·판례 분석도 업무 범위이다. 또한 네이버 서비스와 관련된 정책 이슈를 발굴하고 분석한 후 대외 커뮤니케이션을 담당하는 것은 정책 부서의 일이다. 정책 부서에서는 학계 및 업계 전문가들과 정책을 연구하고 개발하는 업무도 담당한다.

e. 계약·구매

서버, 스토리지, 네트워크 장비, 소프트웨어 등 IT 물품 및 용역(개발, 운영 아웃소싱, 마케팅 행사 등) 공급사를 소싱, 선정 및 계약·발주하는 부서이다.

f. 정보 보호

온라인 서비스 전반에 걸친 정보 보호 및 개인 정보 보호 관리 체계를 수립하고 이행, 확인하는 부서이다. 정보 보호 및 개인 정보 보호 리스크를 발굴하고 정책 분석을 통해 문제점을 발견하고 대안을 제안하기도 한다. 또한 정보 보호 관련하여 정부 기관이나 단체와도 협력하는 한편 자회사, 수탁사 등 관계사 정보 보호를 점검하고 이행, 확인하는 역할을 한다.

02

매출의 핵심,
광고와 콘텐츠

네이버의 매출은 광고 매출, 콘텐츠 매출, 기타 매출로 나눌 수 있다. 광고는 크게 검색 광고와 디스플레이 광고, 그리고 라인 광고로 나누어진다. 2014년 네이버의 연결 기준 매출은 2조 7,600억 원이었는데 그중 광고 매출이 2조 200억 원을 차지했고 콘텐츠 매출이 6,900억 원이었다.

검색과 클릭만으로 돈이 되는 검색 광고

네이버 홈페이지에서 사용자가 검색을 한 후, 해당 검색어를 클릭할 때 발생하는 매출로서 2014년 네이버의 PC 및 모바일 검색 광고 매출은 1조 5,000억 원이었다. 이는 2013년에 비해 13.2% 성장한 수준이다. PC 검색 광고 매출이 제자리에 머물러 있기는 하지만 모바일 검색 광고는 여전히 고성장을 지속하고 있기 때문에 당분간 검색 광고 매출은 두 자릿수 성장을 유지할 전망이다.

갈수록 둔화되는 디스플레이 광고

배너 광고 등 디스플레이 광고에서 발생한 2014년 매출은 3,300억 원이다. 디스플레이 광고는 경기 영향도 비교적 많이 받고, 모바일 디스플레이 광고에서 네이버의 점유율이 PC에 비해 낮은 편이기 때문에 네이버 디스플레이 광고 매출은 전년 대비 2.2% 성장에 그쳤다. 경기가 비교적 좋았던 2012년 네이버의 디스플레이 광고 매출은 3,500억 원 수준까지 상승하였으나 디스플레이 광고 매출은 둔화되고 있는 상황이다.

아시아의 주요 매출 통로, 라인 광고

2014년 라인 매출액은 7,587억 원이었는데 그중 광고 매출액은 대략 1,700억 원이었다. 라인은 라인 공식 계정을 비롯하여 라인앳, 프리코인 등 다양한 광고 상품을 선보이고 있으나 현재 대부분의 매출은 라인 공식 계정에서 발생하고 있다. 현재는 일본 매출이 가장 크고 대만

매출 비중도 상승하는 추세인데, 앞으로 태국과 인도네시아 등 중심 국가에서 수익화 전략을 추구하면서 광고 매출을 확대해 나갈 것으로 예상된다.

콘텐츠 매출_라인 게임 및 스티커(이모티콘)

라인 매출 중 총매출에서 가장 큰 부분을 차지하는 것은 게임 매출이다. 총매출 기준으로 보았을 때 게임은 라인 매출 중 60%를 차지하고 있다. 그러나 라인은 자체 개발 게임을 서비스하는 것이 아니라 대부분 외부 개발사의 게임을 소싱하여 퍼블리싱하고 있기 때문에 전체 모바일 게임 매출액에서 앱 마켓(iOS 앱스토어, 구글플레이스토어 등) 수수료를 제외하고도 개발사와 매출 분배Revenue Share를 해야 한다. 그렇기

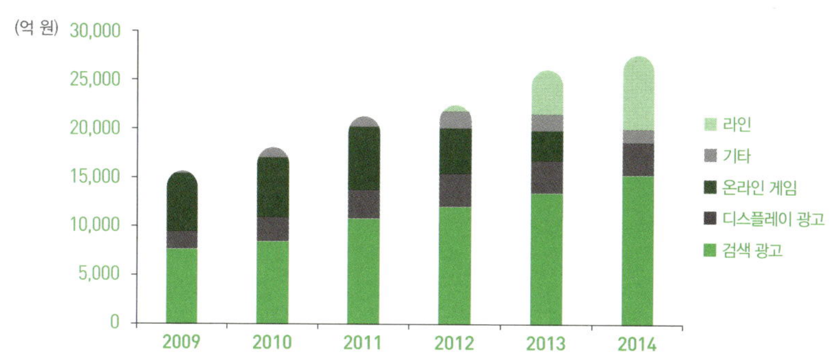

Fig 41

네이버의 사업별 매출 구분 – 주력 캐시카우Cash Cow인 검색 광고와 라이징스타Rising Star인 라인

때문에 회계적으로 인식되는 라인의 게임 매출은 2014년에 2,800억 원으로 라인 매출의 36.8% 수준이다.

이 밖에도 라인의 이모티콘 매출도 한 해에 2,000억 원에 달한다. 2014년 2분기부터 라인은 사용자들이 직접 만든 스티커를 판매할 수 있는 크리에이터스 마켓을 오픈했다. 1년이 지난 시점에서는 10만 개 이상의 스티커가 등록되었으며, 전체 스티커 매출은 89억 4천만 엔을 돌파했다. 매출 상위 10개 스티커의 평균 매출이 5천만 엔을 넘어 일본에서 신규 디자이너들의 등용문이 되었다.

03
집중력을 높인
마케팅의 성공

마케팅 효율화를 위한 전략 선회

네이버의 마케팅은 라인을 중심으로 이루어진다. 라인 개발 및 서비스는 라인주식회사에서 주관하지만, 라인에 대한 마케팅 및 프로모션은 네이버의 자회사인 라인플러스에서 담당하고 있다. 네이버의 광고선전비는 라인을 출시한 2013년부터 급격히 상승했다. 네이버의 연간 마케팅 비용은 매출액의 5% 미만이었으나 2013년에는 매출의 10.7%까지 상승했다. 이는 라인의 인지도가 약한 미국, 중남미 등 시장에서 TV 광고 등 적극적인 마케팅을 실시했기 때문이다.

그러나 2015년을 기점으로 네이버는 마케팅 효율화를 꾀하면서 전략을 선회할 것으로 예상된다. 그 이유는 첫째, 라인 캐릭터에 대한 인지도가 제고되면서 효율적인 마케팅을 할 수 있게 되었기 때문이다.

한 예로 과거에는 TV 광고를 해야 했던 인도네시아에서 라인 캐릭터가 인기를 얻으면서, 라인 캐릭터를 이용한 미니 드라마를 제작하면서 마케팅을 하거나 동남아시아에서 팝업 스토어를 오픈하면서 홍보 효과를 노릴 수 있게 되었다.

두 번째 이유는 경쟁이 심한 신규 시장에 진출하기보다 라인의 중심 국가인 일본, 대만, 태국, 인도네시아에서의 지배력을 강화하는 데 마케팅을 집중하는 쪽으로 전략을 바꾸었기 때문이다. 이들 국가에서 사용자를 확보하는 데 성공했지만 아직 경쟁 메신저들이 시장 진입을 노리고 있기도 하고, 수익 모델을 적용하기 위해서 사용자 충성도를 높일 필요가 있다.

네이버의 매출액 대비 마케팅 비용 비율과 영업이익률 추이 − 마케팅 비용과 수익성은 반비례

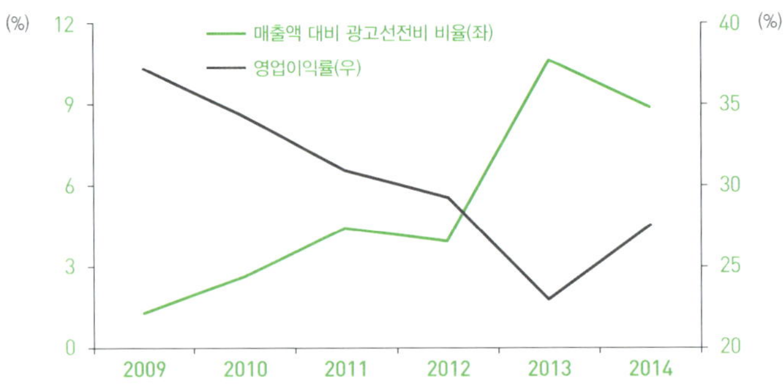

자료: 네이버

04

NHN 분리로 보는
기본 재무 지표

높은 성장성과 수익성에 대한 밸류에이션 프리미엄 반영

NHN은 2013년 8월 네이버와 NHN엔터테인먼트로 분리되었다. 부분의 합이 전체보다 크다는 말도 있지만, 네이버의 시가총액은 분할되기 전에 비해 최고 99.1% 상승했다. 2013년 7월 말 네이버의 시가총액은 14조 1,255억 원이었고 분할 이후 2014년 3월에 시가총액 28조 1,172억 원까지 상승하였다. 네이버의 6월 5일 종가(565,000원) 기준 시가총액은 18조 6,239억 원이고 NHN엔터테인먼트의 6월 5일 종가(53,000원) 기준 시가총액은 1조 369억 원이다. 분할 이후 라인의 가치가 부각되면서 분할 전에 비해 회사 가치가 크게 증대된 것이다.

네이버의 2014년 매출과 영업이익은 2조 7,585억 원과 7,582억 원으로, 경쟁사인 구글(매출 72조 6,011억 원, 영업이익 18조 1,456억 원)이나 알리바바(매출 83조 8,244억 원, 영업이익 25조 4,485억 원), 페이스북(매출 13조 7,126억 원, 영업이익 5조 4,934억 원)보다는 적지만 트위터(매출 1조 5,433억 원, 영업적자 5,928억 원)보다는 매출이나 이익 규모가 크다.

수익성 지표를 보면 네이버의 2014년 영업이익률은 27.5%, 구글은 25.0%, 알리바바 30.4%, 페이스북 40.1%, 트위터 -38.4%이다. 네이버는 과거 30%대의 영업이익률을 기록해 왔는데, 향후 라인 매출액이 증가하고 마케팅 비용이 상대적으로 줄어들면서 영업이익률이 다시 상승할 것으로 전망된다.

인터넷산업은 성장 산업이기 때문에 주식시장에서 밸류에이션 프리미엄을 받고 있다. 그러나, 성장성이 둔화되었을 때 주가 조정이 심한 섹터이기도 하기 때문에 향후 네이버의 주가는 라인을 중심으로 성장성을 유지할 수 있는가의 여부에 달려 있다.

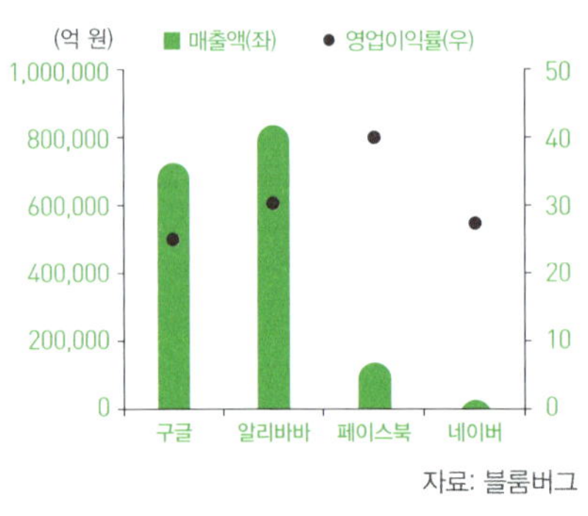

전 세계 주요 인터넷 기업 2015년 주가 흐름

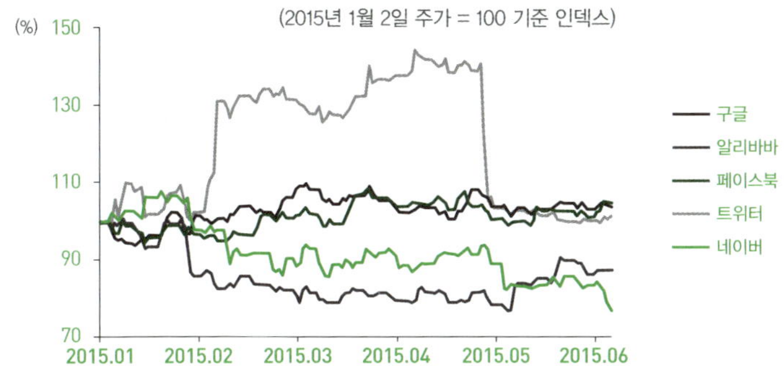

자료: 블룸버그

멘토의 *Tip* ㉔   네이버의 미래 기회 구상하기

네이버에는 앞으로 어떤 기회가 찾아올지 생각해봅시다.
구글, 알리바바, 페이스북 등 글로벌 플레이어와 비교하면 매출 규모 측면에서 지속적으로 성장해 나가야 할 네이버입니다. 네이버가 세계시장을 석권한 삼성전자처럼 진정한 글로벌 강자가 되기 위해서는 근본적으로 어떤 가치를 창출해야 할지도 한번 고민해보시기 바랍니다. 삼성전자는 스마트폰 시장을 처음부터 주도한 것은 아니었지만 찾아온 기회를 확실하게 잡아 애플과 양강 체제를 만들 수 있었습니다. 네이버에는 과연 어떤 기회가 찾아올지 궁금증을 가지고 접근해보시기 바랍니다.

NAVER

문화:
디지털 라이프를 선도하는 문화 기업

네이버는 일반 제조업에 비해 비교적 수평적이고 자유로운 기업 문화를 가지고 있습니다. 이는 직원들 간의 자유로운 커뮤니케이션이 창의적인 서비스를 개발하는 데 도움이 된다 여기기 때문입니다. 인터넷산업은 시장 환경이 빠르게 변하는 분야이다 보니, 네이버는 '소비자 니즈를 철저히 파헤치고, 일등이 되어야 한다'는 경영철학을 가지고 있습니다.

인터넷 역사에
한 획을 그은 네이버

네이버의 아버지 이해진의 경영철학

이해진 의장은 흔히 은둔의 경영자로 불린다. 경쟁자인 김범수 의장과는 달리 공식석상에 모습을 드러내는 일도 거의 없고 성향도 차분하고 합리적이어서 비교적 조용한 인상을 주기 때문이다. 이 의장은 한 달의 절반 가량을 일본 등 해외에서 보내기도 하고 한국에 체류하는 시간에도 출근 시간이 일정하지 않으며, 외부에서 보내는 시간이 많은 편이다. 게다가 네이버에 대한 이해진 의장 지분율은 4.64%로 재무적 투자자(국민연금, Capital Group 등)에 비해서도 지분율이 낮다. 이해진 의장 지분율이 낮지만 주요 주주 가운데 이 의장의 친인척도 전혀 없고, 개인 지분을 섞지 않았기 때문에 상장사 창업자로서는 상당히 드문 편에 속한다. 이토록 이 의장의 지분율이 낮은 이유는 네이

버가 삼성SDS 내 벤처 조직 네이버포트를 독립시키는 과정에서 삼성
SDS에 지분의 30%를 주고, 7명의 다른 창업 멤버(권혁일, 김보경, 강석호,
오승환, 최재영, 김정호, 김희숙)와 지분을 나누어 가졌기 때문이다. 게다가
야후에 이어 포털에서 후발 주자로 출발했고, 검색 기술을 강화하는
과정에서 외부 자금을 유치하거나 인수합병을 해야 했기 때문이다.
이의장은 필요하다고 판단되면 자신의 지분이 희석되는 것을 마다하
지 않고 외부 자금을 유치하거나 기업을 인수했다.

이해진 의장의 경영철학은 두 가지로 요약할 수 있다. 첫 번째는 소
비자 요구에 대한 집착이다. 이 의장은 "집요하게 소비자의 요구를 파
헤쳐라"고 강조한다. 또 그는 "서비스 출시 시기는 소비자가 정하는
것이 아니다. 시장이 시점을 정한다. 시장의 니즈에 맞춰라"고 말한
다. 그는 "소비자가 요구하는 건 기술이 새롭게 나온다고 바뀌지 않는
다. 옛날이나 지금이나 똑같다. 소통의 요구는 늘 있었다. 이것은 라
인에도 비슷한 시사점이 있다"고도 했다. 소비자가 무엇을 원하는지
아는 회사는 결코 망하지 않는다는 것이다.

두 번째 경영철학은 일등주의이다. 이 의장은 "내가 만든 서비스가
1등을 하지 못하는데 잠이 오느냐"며 "열심히 했는데 성공하지 못하
면 일을 못한 것"이라면서 "홈런을 치려면 평소 거의 홈런에 가깝게
치다가 잘 맞는 게 홈런이다"이라며 성과를 강조하기도 했다. 이는 인
터넷의 승자독식법칙 때문이다. 이의장은 인터넷은 굳이 2등을 써야
할 이유가 없는 산업이라는 생각을 가지고 있다. 일등을 하기 위해 해
온 끊임없는 자기 혁신이 오늘의 네이버를 만들고 있다.

 **창업자의 경영철학에 부합할 수 있는 자신만의 스토리를 꼭 챙겨 둡시다.**

창업자의 경영철학은 명쾌합니다. 소비자의 니즈와 시장의 니즈 모두를 잡아야 한다는 것, 그리고 일을 일류로 해야 한다는 것입니다. 다른 기업 창업자도 이런 철학을 얘기할 수는 있겠습니다만, 네이버 만큼 산업과 시장의 변화 속도가 빠르게 진행되는 영역에서 경쟁하는 경우는 잘 없을 것입니다. 특히 이해진 의장은 2014년 말경 임원 워크숍에서 "모바일에서 네이버는 아무것도 아니다. 없어질 수도 있다"면서 모바일이 거대한 기회이자 도전 과제임을 주지시키면서 위기감을 불어넣었다고 합니다(《동아일보》 2014년 12월 5일자). 네이버의 핵심 가치가 이런 창업자의 경영철학에 기반하고 있다면 이런 요소에 부합할 수 있는 자신만의 스토리를 꼭 챙겨두시기 바랍니다.

관련 자료 찾아보기 ㉒
검색 키워드, 'IT기업 창업자 인물 분석' 

언론을 통해서 이해진 의장은 물론 연배가 비슷한 IT기업 창업자들에 대한 인물 분석 기사를 많이 찾아보시기 바랍니다. 이들은 무엇을 중요하게 생각하고 일하는 스타일은 어떻게 다른지, 세상에 어떤 기여를 하려는 것인지, 어떤 세상을 꿈꾸는지 등의 관점에서 스토리를 정리해 보시기 바랍니다.

성공 과정에서 촉매가 되었던 3번의 빅딜

네이버는 세 번의 빅딜을 통해 성장했다.

첫 번째 인수합병은 2000년 7월 이준호 교수(현 NHN엔터테인먼트 의장) 팀이 이끌던 서치솔루션의 인수였다. 당시 최고의 검색 전문가로 평가 받던 이준호 의장이 개발한 자연어 검색 기술은 단어가 아닌 문장으로 검색할 수 있게 해 주는 기술이었다. 이 기술을 바탕으로 통합 검색 서비스가 시작될 수 있었다. 통합 검색은 사용자의 질의 의도를 파악해 디렉터리, 웹 문서, 지식검색, 뉴스, 백과사전, 이미지 별로 검색 결과를 보여주는 방식이며, 네이버를 구글과 차별화할 수 있게 해 주면서 검색에서 국내 1위를 차지할 수 있게 해 준 바탕이었다.

두 번째는 현재 가장 큰 라이벌로 회자되는 김범수 의장이 창업한 한게임과의 합병이었다. 2000년 7월 닷컴 버블이 붕괴되던 무렵의 일이었다. 이해진 의장은 고스톱과 포커 등 웹보드 게임으로 많은 사용자를 확보한 한게임을 인수, 게임을 유료화하면서 확보한 현금을 검색 품질 향상에 투자하였다. 김범수 의장은 이후 2008년 네이버를 퇴사하면서 다시 벤처로 돌아갔다.

세 번째 빅딜은 2006년 검색 벤처회사 첫눈의 인수였다. 당시 첫눈을 두고 네이버와 구글의 인수 대결이 펼쳐졌고, 구글이 더 높은 인수 가격을 제시했음에도 불구하고 첫눈 장병규 대표는 국내 업체인 네이버를 선택했다. 첫눈에서 영입한 인재들이 라인 개발에서 주축이 되었기 때문에 첫눈 인수는 네이버의 모바일 핵심 인수합병이 된 것이다.

라인의 성공 스토리가 주는 교훈

라인이 성공할 수 있었던 것도 모든 사람이 재난 지역인 도쿄를 떠나는 중에 발현된 절박함 덕분이었다. 지진 당일 네이버 경영진은 일본에 있던 이 의장과 화상 회의를 했는데 이 의장의 뒤로 여진으로 벽이 왔다갔다 할 정도로 위급한 상황이었다. 이런 상황에서 이 의장은 네이버재팬에 일본 검색 서비스를 담당했던 첫눈 출신들과 일본 개발팀을 주축으로 하여 모바일 메신저 개발팀을 만들었다. 여진의 공포가 남아 있어 한국 개발자들의 가족은 모두 본국으로 돌아오고 남은 직원들은 회사 밖으로 나가기도 두려웠던 상황에서 두 달 만에 개발된 서비스가 라인이었다. 처음 네이버재팬은 SNS를 개발하려고 했으나, 대지진으로 통신이 끊긴 상황에서 슬퍼하는 현지인들을 보며 소중한 이들을 이어주는 서비스를 만들자는 뜻에서 메신저 개발로 선회한 것이다.

이해진 의장은 사업은 대포가 아니라 미사일이라는 비유를 하면서 소비자 요구에 대한 집착을 강조했다. 목표를 잡아도 사용자가 계속 변하며 환경도 변하고 경쟁자도 나타나고 모든 것이 변하기 때문에 목표를 잡고 쏘는 대포가 아니라 끝까지 추격하는 미사일이어야 명중할 수 있다는 것이다. 그래서 IT분야는 서비스하는 팀의 열정이 더 중요한 것이다. 맨 처음에 하려고 했던 것과는 전혀 다른 방향으로 사업이 진행되는 경우도 많은데, 결국 그걸 성공하게 하는 건 열정을 가진 사람의 문제이기 때문이다. 라인 사례에서도 이 두 가지 생각을 모두 엿볼 수 있다. 안전이 위급한 상황에서도 서비스를 개발하는 열정과, 소비자의

팀프로젝트 경험을 네이버의 핵심 가치인 '대포론 vs. 미사일론'에 맞춰 정리해봅시다.

이해진 의장의 '대포론 vs. 미사일론'은 네이버의 기업문화와 핵심 가치를 이해하는 중요한 키워드라고 할 수 있습니다. 자신에게 팀프로젝트 경험이 있다면 이런 잣대에 맞춰 정리를 해 보고 미사일론 측면에서 무엇이 부족했는지, 이후 그런 시각을 갖고 어떤 도전 스토리를 만들 수 있었는지의 관점에서 자신의 활동과 경험을 정리해보시기 바랍니다.

요구를 파악해서 서비스 방향을 바꾸면서 SNS 대신 모바일 메신저를 개발하며 철저히 현지화했기 때문에 라인이 성공할 수 있었다.

실패의 사례와 교훈

PC 검색과 포털에서 독보적인 1위를 달려 왔던 네이버지만, 모바일 대응은 상당히 늦은 편이었다. 스마트폰이 보급되고 카카오톡이 시장을 선점하는 상황에서도 네이버는 주력 분야인 PC에 집중하고 있었다. 2010년 전후에 네이버 중간 관리자들은 네이버가 모바일 흐름에 너무 천천히 대응하는 것이 아니냐는 의구심을 제기했는데, 당시 이해진 의장은 중견 간부들이 모바일에 가진 관심을 부정적으로 평가했다. 네이버 본연의 임무에 충실한 것이 더 중요하다는 것이다. 그러나 이러한 중견 간부들과의 커뮤니케이션이 이의장의 경영 방침 전환에 결정적인 영향을 미쳤다. 이후 네이버는 모바일 전략을 강화했으며 NHN엔터테인먼트와의 분할 이후 모바일 신규법인인 캠프모바일과 모바일 메신저 라인의 국내 법인인 라인플러스를 설립하는 등 모바일 퍼스트 전략을 펼친다. 이러한 일련의 사례에서 볼 때, 현장에 보다 밀착되어 있는 직원들과의 커뮤니케이션은 네이버에 있어 특히 중요한 가치라고 판단된다.

연이은 해외시장 진출 실패 또한 반면교사로 삼아야 할 부분이다. 네이버는 2004년 중국 최대 게임 포털인 아워게임 지분 50%를 1억 달러에 인수하면서 롄종이라는 합작 법인을 설립했다. 그러나 결국 2009년부터 네이버는 중국 사업을 정리하기 시작했다. 이유는 두 가지였다. 중국 정부가 2008년부터 외국산 온라인 게임 허가권을 제한하는 등 규제를 시작했고, 현지화되지 않은 한국식 경영 스타일로 파트너사와도 불협화음이 생겼기 때문이었다. 네이버는 2005년 NHN USA를 설립하며 미국에도 진출했다. 2006년에 미국 내에서 게임 포털인 이지닷컴을 출시하고 개발비 100억 원을 투자한 아크로드를 내놓았지만 성과는 좋지 않았다. 결국 네이버는 미국 사업도 2011년 12월에 철수하였다.

라인 출시 이전에는 일본 사업도 고전을 면치 못했으나, 라인은 출시 이후 일본 내에서 대표적인 모바일 서비스로 자리 잡을 수 있게 되었다. 라인과 다른 해외 사업의 차이를 꼽자면 철저한 현지화 전략을 들 수 있다. 라인은 개발 단계부터 일본인 개발진들이 참여했으며, 모리카와 아키라 대표를 내세우며 현지 취향을 분석하고 공략했다. 모리카와 대표는 일본인 취향을 고려하여 스티커(이모티콘) 서비스를 출시했고, 피처폰 사용 비중이 높은 일본 상황에 맞추어 피처폰에서도 사용할 수 있는 버전을 개발했다.

멘토의 Tip 27   미국시장 석권을 위한 전략 생각하기

미국시장을 석권하는 네이버를 상상해 보면서 어떤 전략이 필요할지 생각해봅시다.

네이버로서는 일본과 동남아에서 성공한 라인이 그나마 글로벌 진출의 토대가 되는 모습입니다. 증권업계에서도 네이버가 글로벌 모바일 시장에서도 제대로 통하는 모습을 보여준다면 기업 가치가 지금보다는 몇 배 더 커질 수 있다고 보는 시각이 많습니다. 네이버의 미래 비전을 어떻게 봐야 할지에 대한 단서처럼 느껴지는데요. 때로는 미국의 검색 광고 시장을 장악한 네이버의 모습을 상상해 보면서 일본과 같은 현지화 전략이 역시 필요한지, 필요하다면 어떤 준비과제가 필요할지 생각해보시기 바랍니다.

관련 자료 찾아보기 23
검색 키워드, '미국 모바일 시장'

아직 미국시장에 대해서는 전략이 분명치 않아 보입니다만, '미국 모바일 시장'을 키워드로 해서 관련 내용을 살펴두면 미국뿐만 아니라 중국, 일본, 동남아 시장을 이해하는 데도 유용할 것입니다.

02

사람과 네트워크를 연결하는 기업문화

수평적이고 자유로운 기업문화

네이버는 인터넷 회사답게 일반 제조업에 비해 기업문화가 자유로운 편이다. 네이버는 2015년부터 일부 부서에 대해 책임근무제를 도입했다. 책임근무제는 평균 근로시간을 주 40시간 또는 하루 8시간의 법정 근로시간에 맞추어 근로자 스스로 출퇴근 시간을 선택, 조정할 수 있는 제도로 2주, 1개월, 3개월 단위로 조정할 수 있다. 단, 하루 12시간, 주당 52시간 이상 근로하지 않는 것이 원칙이다. 이에 맞추어 출퇴근 시간도 임직원들이 자유롭게 조정할 수 있다. 네이버는 의무 근로시간조차 없어서 주당 40시간 근무도 준수할 필요가 없다. 다만 업무 책임을 강화하면서 이러한 제도가 악용되지 않도록 하고 있다. 기본적으로 네이버의 출퇴근 시간은 오전 10시~오후 7시이며, 한 달에

한 번 5시 퇴근할 수 있는 오아시스 제도를 운영하고 있다. 또한, 출근 복장도 자유로운 편이다.

또한 기업문화가 비교적 수평적이다. 2015년 들어 기존에 있던 본부제를 폐지해 의사 결정 단계를 줄였다. 2014년에는 팀제를 폐지하면서 의사 결정 단계를 3단계로 줄였는데, 2015년 들어 '센터와 그룹 − 실과 Lab' 2단계로 축소한 것이다. 향후 개별 '센터'와 독립 조직으로 운영되어 온 '셀' 등 실무 단위의 조직에 더 많은 권한과 책임을 갖도록 할 예정이다. 결재 또한 본인 전결을 채택하고 있으며 직급제를 폐지하고 리뷰제를 운영하는 등 독특한 기업 문화를 확립해 가고 있다.

은둔의 경영자로 불리는 이해진 의장도 일 년에 한 번 이상 '연단演壇'이라는 행사를 주최함으로써 임직원에게 직접 강연하고 질의 응답을 받음으로써 직원들과의 스킨십을 잊지 않는다. 보통은 부장급 이상 직원 혹은 개발자, 기획자 등을 대상으로 열리는데 이 의장은 연단에 생수 한 병 올려 놓고 원고 없이 시작한다. 이 의장이 무대에서 직접 뛰어내려가 질문하는 직원에게 마이크를 가져다 주기도 하는 등 회사 방향이나 미래에 대해 의문을 가질 때 허심탄회하고 소상하게 직원들과 생각을 공유하는 행사이다. 네이버가 수평적인 기업문화를 확립하려는 이유는 자유로운 직원들 간의 커뮤니케이션을 바탕으로 창의적이고 소비자 요구에 맞는 서비스가 탄생한다는 이 의장의 신념 때문이다.

기업문화에 부합하는 자신만의 포인트 체크하기

'모바일 회사'로의 변신을 꾀한 네이버의 기업문화에 부합할 수 있는 포인트를 체크합시다.

한때 덩치가 커진 네이버를 공룡에 비유하면서 관료화에 대한 경계의 목소리가 있었습니다. 이런 사회적 시선을 의식해서인지는 몰라도 네이버는 스스로 관료화의 함정을 예방하고 초스피드 경영을 위해 많은 시도와 노력을 하고 있음을 알 수 있습니다. 언론에 소개된 조직 개편 전략을 보면 결제 라인의 단축뿐만 아니라 연봉을 포함한 모든 예산을 본부별로 결정하도록 하고 사업 실적이 좋거나 투자 필요성이 커지는 부문으로 예산도 비례하도록 만들었다고 합니다. 몸집을 잘게 쪼개는 이런 노력은 결국 '모바일 회사'로의 변신을 위해서라고 평가하고 있는데, 네이버의 이런 기업문화 분위기에 자신이 부합할 수 있는 포인트가 무엇인지 잘 체크해보시기 바랍니다.

관련 자료 찾아보기 24
검색 키워드, '아메바 경영'

네이버는 매우 다이내믹한 조직 문화를 갖고 있습니다. 특정 조직에 얽매이지 않는 기능 위주의 조직과 인사 문화를 추구하고 있습니다. 또한 철저한 성과 평가 위주의 보상 정책도 견지하고 있습니다. 일본 교세라그룹 창업자이자 경영의 신으로 불리는 이나모리 가즈오 회장의 '아메바 경영'에 대해 간단하게나마 탐색해 보시기 바랍니다. 업종은 다르지만 21세기형 조직 모델에 대해 차원 높은 시각을 배울 수 있기 때문입니다. 이나모리 회장이 직접 쓴 〈아메바 경영〉이 번역서로 나와 있으며, 여러 블로그 등을 통해서도 그 내용을 엿볼 수 있으므로 각자 필요에 따라 참고하시기 바랍니다.

03

인터넷산업
용어들

PV(Page View): 사용자가 사이트 내 웹페이지를 열람한 횟수. 사이트의 사용자 이용행태를 분석하거나 노출도가 중요한 온라인 광고의 단가를 결정하는 기준으로도 쓰인다.

UV(Unique Visitor): 순방문자 수. 해당 사이트에 들어온 총 네티즌 수. 측정기간 중 1회 이상 해당 사이트에 방문한 중복되지 않은 방문자. 즉, 어떤 사람이 지난달에 특정 사이트에 1회 방문하거나 100회를 방문해도 유니크하게 방문한 한 사람으로 카운트한다.

PCU(Peak Concurrent User): 최고 동시접속자 수. 가장 많은 사람이 동시에 접속한 특정 시기를 기준으로 (게임) 서버에 접속한 사람 수를 말한다.

SA(Search Ad): 검색광고

CTR: 배너 하나가 노출될 때 클릭되는 횟수를 뜻한다. 보통은 '클릭률'이라고 한다. CTR을 구하는 공식은 (클릭 수÷임프레션)×100 이다. 예컨대 특정 배너가 100번 노출됐을 때 3번 클릭된다면 CTR은 3%가 된다. 일반적으로 1~1.5%가 광고를 할 만한 수치이다.

Query: 검색어. 질의inquiry와 같은 뜻으로 사용된다. 파일의 내용 등을 알기 위해서 몇 개의 코드code나 키key를 기초로 질의하는 것을 가리킨다. 데이터베이스에 존재하는 자료를 사용자가 원하는 조건을 통해 검색하고, 검색된 결과를 자유로이 조회할 수 있는 기능 등을 지원한다. 이러한 질의어들이 구조적으로 체계화된 것을 SQL(structured query language)이라고 한다. 일반적으로 검색광고에서는 쿼리는 비즈니스 쿼리(광고 과금을 할 수 있는 검색어)와 내추럴 쿼리(광고가 붙지 않는 일반 검색어)가 있다.

CPC(Cost per Click): 인터넷 검색사이트에 특정 키워드를 검색한 사람들을 대상으로 광고주의 사이트가 노출되도록 하는 키워드광고, 주로 검색광고를 지칭한다.

PPC(Price per Click): 검색어를 클릭할 때마다 광고주에게 청구되는 검색광고단가

DA(Display Ad): 디스플레이(배너) 광고

리치미디어: 인터넷광고용어로, 기존의 단순한 배너 광고보다 풍부한 정보를 담고 있어, 인터넷에서 사용자와의 상호작용을 지원하는 새로운 형태의 매체media라는 뜻, 주로 동영상이나 커서를 갖다 대면 확장되는 등 클릭이나 시청을 유도하는 광고

Push형 마케팅: Push형 마케팅은 '밀어붙이다'(push-forward)라는 단어

에서 파생되었으며 과거에는 TV나 신문, 잡지 광고, 쇼윈도 등에 물건을 전시하여 쇼핑을 강요하던 마케팅 기법, 인터넷 광고에서는 주로 배너 광고나 문자 메시지 전송 광고 등이 해당한다.

Pull형 마케팅: Push형 마케팅에 대치되는 개념으로 광고·홍보 활동에 고객들을 직접 주인공으로 참여시켜 벌이는 판매기법, 광고 수용자가 광고에 적극 참여하도록 유도하는 광고

Reward형 광고: 스마트폰으로 광고를 시청하거나 미션을 수행하면 포인트나 현금으로 보상해 주는 광고, 휴대폰 잠금 화면에 광고를 띄우고 잠금 해제할 때마다 적립금이 쌓이는 광고. 광고를 보거나 앱 광고를 보고 다운로드할 경우 현금이나 게임 아이템 등으로 보상하는 형태다.

플랫폼: 서비스의 주축이 되는 근간으로 컴퓨터의 운영체제나 통신사, 페이스북, 카카오톡과 같은 소셜 미디어 등 광범위한 서비스를 지칭하는 개념. 원래 플랫폼은 'plat(구획된 땅)'과 'form(형태)'의 합성어로 '구획된 땅의 형태'를 의미. 즉, 경계가 없던 땅이 구획되면서 계획에 따라 집이 지어지고, 건물이 생기고, 도로가 생기듯이 '용도에 따라 다양한 형태로 활용될 수 있는 공간'을 상징적으로 표현한 단어로 인터넷 서비스에서는 소비자와 서비스 공급자가 만나는 서비스를 지칭한다.

CP(Contents Provider): 포털이나 소셜미디어 서비스 등에 뉴스, 음악, 만화, 게임 등 콘텐츠를 공급하는 개발사 또는 파트너를 의미한다.

AU(Active User): MAU, DAU, WAU가 있다. 일정기간 동안 서비스를 실

제로 이용한 사용자 수. 일반적으로는 측정 기간 동안 서비스 또는 어플리케이션에 두 번 이상 접속한 사용자를 의미한다. MAU(Monthly Active User)는 월 사용자, DAU(Daily Active User)는 일간 사용자, WAU(Weekly Active User) 등이 사용되며 월 사용자를 전체 가입자 중에서 실제로 해당 서비스를 이용하는 사용자 지표로 주로 이용한다.

N-Screen: 같은 콘텐츠를 스마트폰, 태블릿PC, TV, PC 등 다양한 기기에서 연이어 볼 수 있는 기술이나 서비스를 말한다.

NAVER

바로취업 시리즈 ❻